情緒管理 × 自我認知 × 肢體語言 × 社交來往……
掌握各種心理學效應，解鎖所有人際關係！

魯芳 著

解鎖社交
交際
心理學效應

COMMUNICATIVE PSYCHOLOGY

在「社交」上頻頻碰壁，
竟可以用心理學來逐一對症下藥？

自我療癒、職場來往、婚姻哲學、交友互動、情緒發洩……
從親密伴侶到日常社交，所有與「人」的關係都能用一本心理學搞定！

目錄

目 錄

前言

　　人際來往是我們每個人生活中的重要內容，匱乏的人際來往不僅會導致一個人離群索居、孤獨自閉、人際關係脫節，無法體驗到社會生活的樂趣，影響事業發展，還會影響一個人的身心健康。很多人對人際交往有恐懼，無法自如地開展社交活動，擔心自己在社交場合出糗，遭受他人的嘲笑和非議。那麼，如何才能提高我們的人際交往能力，讓自己輕鬆自在、遊刃有餘地參與社交活動呢？如何在人際交往活動中贏得他人的好感，建立良好的自我形象，改善和拓展自己的人脈呢？懂點人際交往心理學，相信會給我們很大的幫助。

　　要想正常地融入社交生活，首先需要正視自己、了解自己，不管是自己的優勢還是劣勢，不管是自己身上的發光點還是陰暗面。你知道為什麼自己對人際交往感到越來越恐懼、越來越無能為力嗎？難道是自己天生自閉，不適合社會交往嗎？心理學家用「習得性無助效應（Learned helplessness）」為你解釋其中的心理機制。你知道為什麼在社交場合下，他人一個期待的眼神、一絲友善的微笑就能讓自己信心大增，瞬間放鬆嗎？心理學家用「羅森塔爾效應（Rosenthal effect）」為你解讀其中的奧祕。你知道為什麼自己眼中的交往對象都那麼挑剔、傲慢，甚至充滿敵意嗎？其實，你對別人的印象就是自己在鏡子中的

前 言

投影，讓心理學家用「投射測驗」來為你解釋其中的奧祕吧！

　　要想成為社交達人，首先要管理好自己的情緒和心態，並照顧到交往對象的情緒。心理暗示對改善自己的情緒和心態有著什麼神奇的作用？當我們「談」興大發，對著交往對象喋喋不休的時候，有沒有考慮到對方的感受？心理學家提醒我們：此時「超限效應」可能已經在發揮作用了！

　　為了給他人留下良好的第一印象，我們應該掌握哪些心理策略？為了在短時間內了解我們的交往對象，我們有哪些心理學工具可用？為了建立良好的人際關係，我們應該懂得哪些心理技巧？為了有更好的職涯前途，為了經營好自己的感情生活，我們又應該學習哪些心理學知識？如果您對這些問題感興趣的話，就請翻開這本書，慢慢閱讀其中的章節吧。書中除了包含心理學常識，還有一些筆者經多年研究總結出的心理效應。讀完本書，相信讀者總會有所收獲，在人際交往中如魚得水，獲得更成功的人生。

第一編
走近心理學，遇見最真實的自己

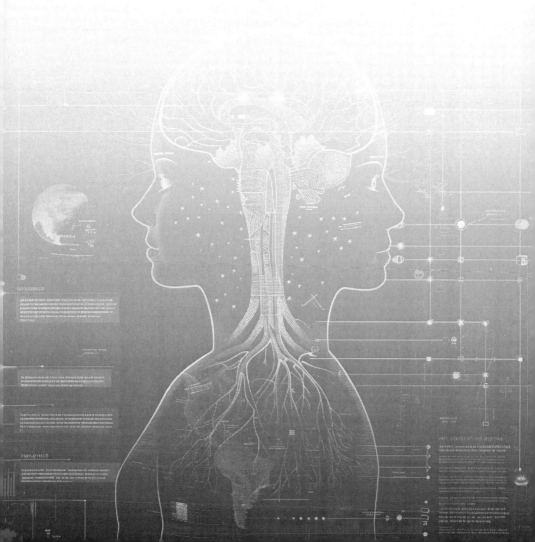

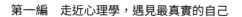

第一編　走近心理學，遇見最真實的自己

第一章
走近心理學，認識你自己

在人際交往中，人們之間可以互相影響、互相作用。本章將介紹一些與人際交往有關的心理常識，希望透過這些小故事讓你明白，心理學在人際交往中的重要作用。

▌不要讓壞情緒影響其他人 —— 漣漪效應

國文課接近尾聲，按照慣例，到老師派回家作業的時候了。當老師像往常一樣將回家作業滔滔不絕地列出來，幾個平時就不愛讀書的學生開始不耐煩了，因為他們覺得作業太多了，於是就站起來大聲說：「這作業也太多了吧，每天都寫不完！」老師剛想說什麼，可沒想到的是，教室裡很多學生接連附和：「是啊，這麼多！」、「對啊，每天都寫到很晚。」「少一點吧，太多了。」……一時之間，教室裡像煮沸了的開水。萬般無奈之下，老師只好將當天的作業量減少了。

心理學上把這種現象叫做「漣漪效應」。好比在平靜的水面上投下一粒石子，波紋由最中間開始慢慢向周圍擴展，蕩起層層漣漪。這樣的心理效應在生活中很常見，比如一部電影的好壞，如果有一個人評價說：「很好，值得一看。」想必聽過這種評論的人都會帶著「值得一看」的心理去觀看這部電影，這樣對這部電影的評價從一開始就已經定型。一個人說好，兩個人也說好，大家紛紛覺得不錯，那麼，就算這部電影裡有什麼不好的地方也會被模糊掉；相反，如果是不好的評論，激起的便是消極的「漣漪效應」。這其實也在從另一方面提醒我們：當自己的心情不好時，不要隨意抱怨或發洩，它就像是感冒，一傳十、十傳百，這樣周圍的人都會感染上這種「疾病」。

▋不要以偏概全 —— 暈輪效應

　　曾經在俄國文壇上輝煌一時的大文學家普希金，在與當時號稱「莫斯科第一大美人」的娜塔麗婭第一次會面時就無可救藥地愛上了她。這位貌若天仙的女人很快就被普希金征服，並且與他結婚成家。這位女子儘管美麗，卻與普希金沒有任何共同興趣，她不支持他寫作，每天只是央求著普希金帶她去各地遊玩，並參加一些比較豪華的派對。普希金放棄自己的寫作，去陪妻子玩樂，最終不僅欠下大筆債務，還因與情敵決鬥而把命也賠上了。這位文壇上的巨星就這樣過早地隕落了。這位美麗的妻子，無論她有多麼任性、多麼無理取鬧、有多少缺點，但在她美麗的光環下，普希金早就看不見了。

　　現實生活中，這種現象也是很常見的，正所謂「一白遮三醜」就是這個道理。一個五官不怎麼好看的女孩，只要整體看上去白白嫩嫩的，就不會被認為是醜女；一個人身上儘管有再多的缺點，只要有一個優點是被認可的，那麼這些缺點就會立即縮小或被掩藏起來。我就經常聽到一些人說：「某某人不太說話，見人也不會打招呼，但脾氣好，你說什麼他都是笑笑就過去了，從來不會與你爭。」類似的情況還有，許多比較保守的長輩都不看好那些衣著古怪、生活習慣不健康的年輕人，覺得這樣的打扮、這樣的生活習慣都是沒出息的表現。

　　這種心理現象在心理學上叫做「暈輪效應」。即人際交往中，某個人身上所表現出來的一個特質，掩蓋了其他方面的特質，於是造成人際認知上的障礙，不能徹底地看清楚一個人的本質。這在日常的生活中往往影響著我們對事物或人本身面貌的認知，它是一種以偏概全的主觀心理臆測現象。首先，這種心理現象容易犯「以點代面」的錯誤，只抓住個別特徵便推及一般性；其次，它還容易犯絕對化的錯誤，不好就全部不好，好就全部好；最後，它還容易將本無關聯的兩類事物湊在一起。所謂「透過現象看本質」，就是要求我們盡量克服這種心理所帶來的負面作用。

▋ 懂得正視自己 —— 耶基斯－多德森定律

　　又到了一年一度的學測，考場外圍著很多考生家長。佳佳也是這次考試的考生之一。在媽媽的陪伴下，她很早就來到了考場，現在已經進了考場。媽媽在門外靜靜地等待著，她不擔心女兒會考不好，因為依照她平時的成績，只要按照正常水準發揮，考個國立大學是沒有問題的。考場裡，佳佳正在做著題目。其實這次考試對佳佳來說很重要，因為這已經是她第二次參加學測了，如果再考不好，不僅對不起自己，更對不起每天早起為自己料理起居的媽媽。想到這裡，她的腦海裡劃過一

些不好的情緒，人人都說考大學是人生的轉捩點，要是還考不好……一時間佳佳的思緒亂了，眼前的題目似懂非懂，於是越著急就越是想不出答案。最後，時間一點點過去了，到鈴聲響起，佳佳神色疲倦地走出了考場。自認為考得不好的佳佳在接下來的幾場考試中也沒有發揮出應有的水準。

　　實際上，佳佳的這種情況可以用心理學理論中的「耶基斯 – 多德森定律」來解釋，即隨著動機過於強烈，表現呈現逐漸下降的趨勢。這是心理學家耶基斯（Robert M. Yerkes）與多德森（John Dillingham Dodson）透過動物實驗得出的結論。也就是說，故事中佳佳的情緒如果正常，那麼她發揮的會是正常水準；如果在帶有輕度緊張與興奮的情況下，那她很可能就會發揮出超常的水準，因為適度的緊張情緒會促進能力的臨場發揮，使身體狀態達到最佳效果；但如果是過度的緊張與壓力，就會在精神上引起焦慮、心理疲勞、精神壓抑等心理現象，致使她最終不能正確地評價自己，從而降低了身體狀態和效率。這就告訴我們：擁有一個健康的心理狀態，首先一定要克服的就是焦慮的心理狀態。只有正確地評價自己，才會在關鍵時刻讓自己的能力正常發揮出來。

▌保持健康的心態 —— 習得性無助效應

　　心理學家塞里格曼（Martin E. P. Seligman）和他的夥伴奧弗米爾（Steven F. Maier）曾經在研究人類心理現象時做過大量的實驗。後來根據這些實驗的理論，不少心理學家都做了類似的研究，其中就包括一個比較有趣的實驗。他們將一條狗關在一個四面封閉的籠子裡，實驗中不停地用電棍電擊這條狗，起初的時候狗會努力躲避，但是不管牠如何努力，最終都逃不過電棍的無情電擊，反覆多次之後，當實驗者將籠子的門開啟，表示狗可以出來的時候，只見這條狗的眼裡流露出空前的沮喪與壓抑，情緒明顯很失落，已經無力再做逃脫的行為了。這是因為，多次的躲避無效後，狗的心裡就產生了一種無望感，無論自己怎麼努力都不能擺脫「厄運」，更加不能控制這種「厄運」，索性就任憑「厄運」擺布了。

　　這個實驗結果在心理學上被稱為「習得性無助效應」，實驗中的心理現象被稱作「習得性無助心理」，人一旦產生了這種心理就會陷入深深的悲觀與絕望之中。現實生活中，很多人在面對外界的壓力、困境時，無力反抗、不能使形勢有效逆轉，久而之便會產生悲觀心理，認為一切都是命運，憑藉自己的力量不可能改變這種外界的控制，進而形成了一種無助感，即使有能力時也不想再去做無謂的努力。

　　小孩天生是好動的，對於外界的新鮮事物總是忍不住想嘗試一番，這種希望嘗試的心理在他們有了行為控制能力之後，會表現為努力感興趣的事物爬去或伸出手去，但是這個時候，如果大人嚴加阻止，並告誡說「不能……」、「不准……」，時間一長，小孩的心裡會產生某種對新鮮事物的恐懼感，即使再有興趣也強制自己不要去「亂碰」，他們最終也許會成為父母眼裡的「乖小孩」，但是自卑已經在無形中產生了。

　　因此，這個實驗告訴我們，在生活中，應該保持一份健康的心態，要懂得看清事情的真正決定因素，不要輕易地將自己扔進絕望之中。把眼光放遠，不僅可以看清眼前的現象，還可以透過眼前的現象把握事實的真相。

▌拒絕負面暗示 —— 羅森塔爾效應

　　從前有兩位病人住在同一家醫院裡，並由同一名醫生為他們診斷病情。其中一個人被查出患有癌症，而另一個病人只是輕微的偏頭痛。可是醫生卻把診斷書弄反了，在患有癌症的病人的病歷表上填寫的是輕微偏頭痛，而在另一位原本無大礙的病人的病歷表上寫的是癌症。於是拿到診斷書的兩個病人表現出了完全相反的兩種心態：本來患有癌症的病人覺得自己沒有什麼大病，整天笑嘻嘻的，心情十分放鬆，一心只想把偏頭痛治好，於是他沒

過多久就出院了；而另一位病人在接到病歷表的當天就開始悶悶不樂，終日生活在病痛的折磨和對死亡的恐懼之中，結果真的患上了癌症，時隔不久便在憂鬱與絕望中痛苦地死去了。

　　這個小故事中的心理現象被稱為「羅森塔爾效應」。這是美國心理學家羅伯特・羅森塔爾（Robert Rosenthal）在 1968 年提出的理論，是指人的心態容易受到自己所喜歡、信任、崇拜的人的暗示和影響，例如故事中的醫生，身為專業人士，就很容易影響病人的心態。理性地對待他人的影響力，盡量接受正向的心理暗示才會保持健康的心態。故事中兩個遭遇不同的病人因為一張弄錯的病歷扭轉了命運原本的方向。可見，保持一份良好的心態在人們的生活中是多麼重要。同時，從中我們也不難讀出一個道理：心態改變人生。面對現實，有多少人能夠坦然面對呢？人生不如意事十之八九，如果不能改變現實，那就改變情緒、改變心態好了。什麼樣的心態決定什麼樣的情緒，什麼樣的情緒決定什麼樣的生活。

什麼樣的性格，什麼樣的世界 —— 性格投射測驗

　　某部電影講一對雙胞胎姐妹，兩人雖然長得很像，但是性格上卻存在很大的差異，姐姐老實善良，妹妹卻陰險狡詐。

有天，妹妹殺了人，想逃脫法律的制裁，於是找姐姐當代罪羔羊，雖然有錄影作為證據，但是由於二人長得實在是太像了，根本無法辨認，因此，案件基本處於迷離狀態。但就在警察一籌莫展之際，一位心理學家為他們解開了謎團。心理學家要求姐妹倆分別接受一項測驗 —— 羅夏克墨跡測驗：有五張黑白和五張墨跡加色彩的圖像，實驗時檢測人員將出示一張給接受測驗的人，並要求對方將在圖片中看見的以及由此所聯想到的東西如實說出來。結果，就是透過這個實驗，真相才得以大白。

「投射」一詞在心理學上表示的是一個人的內心世界包括他的思想、性格、情緒等是如何，那麼他所看見的世界就是什麼樣的。這就給了我們一個啟示：一個人有什麼樣的性格就會用什麼樣的眼光來看待這個世界，而他眼中的世界在相當程度上影響到他的所作所為，所以，如果你希望世界是美好的，那就用美好的眼光去看待它，用善意的態度去對待它。

▌那些埋在童年裡的性格 —— 種子效應

海倫與大衛已經交往了三年，在這三年裡，他們分分合合好幾回，原本以為只要過了磨合期一切就會好起來，但是就在最近的一次爭吵中，大衛下定決心和海倫分手了。因為他知道，海倫需要的愛是自己永遠都給不了的，她的要求就像是永

遠都無法填滿的黑洞。

　　分手後，極度傷心的海倫在朋友的勸解下諮詢了心理醫生，希望醫生可以幫她找到答案。聽了海倫的一番陳述，醫生又要求她將自己的童年經歷說出來，然後醫生意味深長地說，現在的海倫正是在愛情中尋找她在童年時代所缺失的東西——全心全意的關注；但是長久發展之下，即使彼此再相愛，對方也無法承受這份沉重的壓力。原來，童年時期的海倫有四個弟弟妹妹，她是家裡的老大，因此在生活上，父母總是很少理會她，而將更多的精力放在了弟妹們的身上。也許在父母眼裡，海倫懂事又聽話，是不需要操心的，於是就冷落了她。但是這讓渴望得到關注與疼愛的海倫自小就蒙上了心理陰影。

　　這個小故事其實在日常生活中是很普遍的。一個人在童年時期的經歷會嚴重影響到他性格的形成，正所謂，童年時埋下的種子會漸漸生根發芽，直至長大後開花結果。這在心理學上被認為是童年的「種子效應」。童年時越發渴望得到而得不到的，會在不知不覺中像一粒小小的種子被埋在心靈的最深處，長大以後就會在生活中追尋那些曾經自己想要而未得到的東西。這啟發了我們：要給予還在童年裡的孩子們更多的關注和疼愛；要正視那些在童年裡的缺失及現在已經形成的性格缺陷。我們可以要求補償，但不能過分苛求，那樣只會令自己更加痛苦。

▌學著眞正堅強並快樂起來 —— 雙重效應

　　溫斯頓・邱吉爾的父母沒有把更多關心傳遞給他，當看見別人家的孩子都有父母全心全意的照顧時，邱吉爾的內心便更加孤獨無助了。再加上自己生來身材瘦小，在同學們的面前也沒有自信，因此他幼小的心靈變得非常脆弱與孤獨。可是越是這樣，他就越是想要掩飾自己的內心，即使在人群中自己顯得那麼孤僻與不合群，固執的邱吉爾還是會假裝很合群，不過有時候也會有一些過於偏激的表現。

　　直到父親病危時，他對邱吉爾說：「我知道你為什麼總是如此固執強硬，假如我和你的母親給你多一點關心，或許你就不是現在這個樣子了。」邱吉爾聽完後流下了淚水，從此他便決定改變自己，不再做軟弱自卑的人。他要讓自己不僅有強硬的外表，還要有堅強的內心。就這樣，在不斷努力之下，他終於步入政壇並很快晉升為內閣大臣。「二戰」時期，英國遭到德國的侵略，邱吉爾挺身而出，終於成為英國歷史上有名的首相，同時也為自己譜寫了一部傳奇。

　　這種現象在心理學上被稱為性格的「雙重效應」。人們往往在自負、強悍的外表下掩藏的是一顆脆弱而柔軟的心，正如自信的背後隱藏的是自卑，快樂的背後潛伏的是悲傷。雙重性格是生活中普遍存在的一種負面性格特徵，它嚴重影響人們的情

緒。這個故事告訴我們：給需要關心的人關心，給需要保護的人保護，不讓雙重性格有形成的機會；每個人都會有自己的煩心事，都會有脆弱的內心，但是，懂得正視並努力克服的人會獲得更多的快樂，獲得更多改變命運的機會。

▊ 寬容他人，解救自己 —— 性格寬容效應

　　三國時期的關羽過五關斬六將，水淹七軍、單刀赴會，可謂勇猛無敵，但是他有一個致命的弱點，那就是過於偏激固執、剛愎自用。受劉備重託留守荊州之時，孫權派人前來為自己的兒子向關羽提親，關羽大怒，未為大局著想，而是僅憑自己的個人好惡處理問題，並以惡言傷人，從而導致吳蜀聯盟破裂，最終敗走麥城，被俘身亡。而同時代的周瑜，不但風流倜儻，還文武雙全，在著名的赤壁之戰中擊敗了自傲清高的曹操，正所謂：「談笑間，檣櫓灰飛煙滅」，但是他性格上的缺陷 —— 心胸狹隘，致使他最終敗給了諸葛亮，並且發出「既生瑜，何生亮？」的感慨，落得英年早逝的下場。

　　關羽和周瑜的個性缺陷有著相似之處，都缺乏寬廣的心胸和接人待物的寬容態度。心理學上有個概念 ——「性格寬容效應」，寬容心理可以化解生活中的很多難題，個性寬容的人與周圍的人相處得更融洽，生活也更快樂。

古希臘神話中有個叫海克力斯（Heracles）的英雄，有一天當他走在一條坎坷不平的路上時，忽然發現腳邊有一塊鼓鼓的東西，不僅看上去很不好看，而且還覺得很礙事，於是不滿的海克力斯就狠狠地踩了一腳。沒想到不踩不要緊，這個東西竟然更加膨脹起來，性情急躁的海克力斯更加憤怒了，便抄起身邊的木棍向那個東西砸去，結果，前方的路被這個越來越大的東西堵死了，海克力斯再也無法前行。就在這個時候，一位智者走了過來，告訴他，這個東西叫做怨氣，你越是動它，它就越是膨脹，並會和你對抗到底，但是只要你不去理它、忽略它，它就會漸漸縮小，甚至消失。

「性格寬容效應」給我們的啟示：寬容是美德，寬容別人的同時也是在寬容自己，它會給寬容者鋪一條平坦寬敞的大道，幫助人們走向成功。

▌困境中的心態 —— 態度效應

很多年以前，有三名瑞典人從瑞典的斯德哥爾摩出發，駕駛著他們的雪橇，一直向北進入北極圈，由此開始了他們跨越極點的旅行。正值北極的夏季，極地始終是白晝。開始時三個人都很開心，對此次旅行充滿了期待與自信。但是事情遠非他們想的那樣簡單，到了第五天的時候，大約距離極點還有300

公里，天氣忽然發生了變化：鵝毛大雪夾雜著大顆的冰雹，伴隨著寒風越吹越甚。這場寒風使他們寸步難行，無奈之下，他們只好停下來，躲在帳篷裡面休息。但沒想到的是，這一休息就是一個星期，而且風雪絲毫也沒有停下來的意思。眼看儲糧已經不多了，三個人都想：如果再這樣下去，不但成功不了，甚至連回去的希望都沒有了。

這時其中的一個人說：「就算現在天氣好轉，剩下的儲糧也不足以供我們成功跨越極點了，再加上這種鬼天氣，我看我們就只有死路一條了……」另外一個人點點頭表示贊同：「我看也是，如果天氣還沒有好轉，明天我們就返程。」但是第三個人不這樣認為：「如果明天天氣好轉，剩下的儲糧不夠，我們可以在途中獵捕一些動物，這樣其實足夠了。況且現在是夏天，再遇上這種天氣的可能性幾乎為零。」

其他兩個人都沒有吭聲。

第二天，天氣果真就好起來了，可是那兩個失去信心的人再也沒有勇氣前行了，只有第三個人還是堅持著。三個人將剩下的儲糧分成三份，那兩個認為這次旅行無法成功的人按原路返回，而第三個人則獨自上路了。就這樣，在接下來的幾天裡，天氣晴朗，再也沒有大規模的風雪出現，第三個人依靠剩下的儲糧，再加上自己的獵捕，最終成功跨越了北極。

心理學上把這種在困境中不同的心理態度定義為「態度效

應」，在相同的困境下，態度積極的人會獲得比一般人更多成功的機會。故事中的三個人在困境中表現出的不同態度其實是由各自的性格決定的，性格便是你對待生活、對待困境的態度，因此，性格決定命運。

▍讚美和期待的力量 —— 比馬龍效應

在一個古老的部落裡，有一個傳統：年輕人想要結婚，先要學會一項本事 —— 抓牛。將抓來的牛送給女方的家庭作為聘禮。聘禮至少要有一頭牛，最多是九頭牛。

有一天，一個年輕人來到酋長家裡，告訴酋長說：「我願意用九頭牛作為聘禮，迎娶您的大女兒。」酋長以為自己聽錯了，因為在他看來，自己的大女兒太平庸了，根本就配不上這份貴重的聘禮，而自己的小女兒聰明美麗，這個年輕人一定是搞錯了。

酋長誠懇地說：「迎娶我的大女兒，一頭牛就夠了。你願意用九頭牛作為聘禮，那就迎娶我的小女兒吧！她才配得上你。」出乎他的意料，年輕人堅持要娶他的大女兒。酋長無奈之下，只好同意了年輕人的要求。

大女兒出嫁一年後，一個偶然的機會，酋長來到大女婿的家裡，恰好趕上一場熱鬧的聚會。酋長看到，很多人圍在一起，

痴迷地看著一個美貌的女子唱歌跳舞。他困惑地問道：「這個美麗的女人是誰啊？」大女婿恭敬地回答說：「她就是您的大女兒啊！」

　　酋長簡直不敢相信自己的眼睛。大女婿告訴他：「您沒有發現她的美麗和潛質，認為她只有一頭牛的價值。而我相信她值九頭牛，就以這樣的價值來珍愛她。所以，她在我身邊發生了脫胎換骨的變化，變成了我期待的樣子。」

　　這在心理學上被稱為「比馬龍效應」。傳說，古代的賽普勒斯國王比馬龍痴迷於雕塑。有次，他用象牙雕了一個美麗的少女。這尊雕塑太完美了，比馬龍竟然愛上了自己雕刻的少女。他每天深情地凝視著雕塑，期盼它有一天能獲得生命，成為自己的妻子。後來，在愛神阿芙蘿黛蒂的幫助下，雕塑活了起來，比馬龍夢想成真。

　　比馬龍的故事讓我們知道：人們的讚美、信任和期待具有一種神奇的力量，它們能改變被讚美和期待者的思想和行為，讓他獲得自尊、自信和進取的動力以滿足這種期待，從而不讓信任自己的人失望。正如邱吉爾所說：「你希望別人具有怎樣的優點，你就怎樣去讚美他。」所以，當我們對他人抱有期望的時候，讚美和期待比批評和指責更能激發他的潛能。

第二章
了解自己，從情緒開始

　　你了解你自己嗎？當身心健康遭遇問題，當人
際關係變得緊張，當工作效率變得低下，甚至個人
家庭幸福出現危機的時候，你可以找到真正的原因
嗎？心理學家研究證明，實際上，情緒才是罪魁禍
首。只有管理好情緒，才能保持健康的心態，才能
建立和諧的人際關係，才能保障家庭幸福。本章將
幫助你了解一些關於情緒的小常識，為你揭祕究竟
是哪些原因引起了你情緒上的波動，它們是如何成
為你健康生活的殺手。當遭遇壞情緒時，是置之不
理、任其發展，還是採取措施、及時調節？

▌情緒的風向標 —— 天氣定律

週一上班，還沉浸在睡夢中的娜娜昏昏沉沉地起床，盥洗一番後趕忙背起包出門，不料半路上竟然下起了雨。慌慌張張出門的娜娜根本就來不及拿傘，於是三步併作兩步跑向了捷運站。「真是的，這時候下雨！」到辦公室的時候，娜娜一臉疲憊，情緒明顯很低落。同事問：「怎麼週一就愁眉不展的啊？」娜娜放下包，掏出面紙一面擦著衣服上的水珠，一面說：「別提了，講到這鬼天氣就讓人心煩。」

其實在生活中有很多人遇到陰雨綿綿時都會不由自主地情緒低落，而在天氣晴朗的時候，心情也會像陽光一樣燦爛。心理學家研究發現，一些生活在嚴寒地區的人，長年在寒冷空氣包圍下，陰鬱、低落的情緒也會如影隨形，他們大多易於疲乏、貪睡、脾氣暴躁等。心理學家的解釋是，這與當地缺乏充足的陽光有一定關係。天氣影響心情，不能簡單地用多愁善感來解釋，這種現象在心理學上被稱為「天氣定律」。

不光是陽光，溫度的高低、冷暖也是一大因素，它們不僅會影響到人們的心情，還會在生理上造成一定的強烈反應，如失眠、健忘、神經質、虛弱、無食慾、偏頭痛，有的人甚至還會腹瀉，這些都是情緒亞健康的表現。

因此在遇到不好的天氣時，要適當地給自己調節，只有找出情緒低落的根源，才能適當地進行調節。

▌智商影響情緒 —— 高智商效應

　　有兩個年齡相仿的女人，從小一起長大，畢業後一個留在家鄉，過著春耕秋收的生活；另一個則背井離鄉，生活在用鋼筋水泥圍起來的現代都市，在一座座高聳入雲的大廈間進進出出。她們約定，十年之後的春節要再次見面，將各自的收穫與對方分享。

　　日子一天一天地過去了，她們都在為生活忙碌著，十年的時間對她們來說似乎很久，但是又好像很短，因為誰也沒有做好見面的準備。但是，春節回鄉探親的女人還是在一次宴會上意外地見到了分別十年的老友。令她驚訝的是，原本以為在家忙前忙後、出入在廚房與農田間的女人會面黃肌瘦、愁容滿面，但事實剛好相反，她不僅開朗健談、體態豐滿，而且有了一個幸福的家庭。酒席上，她不敢和老友說話，老友似乎也沒有認出她來。回家後，女人看著鏡子中面黃肌瘦的自己，愁容滿面，不禁覺得可笑。但是，似乎這一切從一開始就已經是注定的了。

　　故事中，兩位女主角最明顯的差異其實並非是面容，而是她們的情緒。那個生活在鄉下的女人並不見得比每天工作在辦公室裡的女人清閒，但是她活得更加開心。心理學家認為，情緒其實會受智商影響，通常在相同的一個時間段內，頭腦聰明

的人會發現十件煩心事；而頭腦簡單、不太聰明的人就會少發現一件。前者一般會給自己過高的責任與壓力，關心的範圍更廣，而這都將帶給他們更多更緊張的情緒。相反，那些知足常樂、頭腦簡單，甚至比較愚笨的人卻能夠享受當下的生活，不會輕易被小事所牽絆，這樣才不會在情緒上引起太大的波動。情緒好的人自然就活得比較輕鬆，他們所獲得的是無價的財富。

　　因此，在生活中，應該要懂得放寬心並支配自己的情緒，學會適當「笨拙」，當好自己情緒的管理師，高智商的人一樣可以從迷惘中解脫出來，獲得當下的幸福，而不是一直在情緒的泥潭中越陷越深。

▌傷害的其實是你自己 —— 情緒效應

　　有一天清早，死神來到了一座城市，被早起的智者看見了，於是智者就問死神：「你要做什麼？」死神平靜地回答：「我將要在這座城市裡帶走 100 個人。」智者聽完不禁毛骨悚然：「太可怕了！」「但這是我的工作啊，我必須得做。」說完死神就向智者告辭了。智者覺得死神要帶走這麼多的人，實在太可怕了，於是就搶在死神的前面將這個消息告訴了大家。然而，當天跟著死神離開的卻有 1,000 人。智者感到十分憤怒：「為什麼你說謊，不是說只帶走 100 人嗎？現在竟然有 1,000 個人被你帶走

了！」死神聽後，依舊很平靜地說：「我帶走的就只有 100 人，可是焦慮和恐懼的情緒卻帶走了其他的人。」

　　相傳在非洲大草原上有一種動物叫吸血蝙蝠，由於體積較小、行動敏捷，因而牠們能夠輕而易舉地停留在任何奔跑在草原上的動物身上，並吸吮牠們的鮮血。牠們最常襲擊的對象之一 —— 野馬，往往在受到襲擊之後就會不停地狂奔，在奔跑的過程中，有的便不知不覺地死去了。心理學家認為，其實蝙蝠吸吮的鮮血並不足以使野馬致死，令其死去的原因是被襲擊時所產生的恐懼心理。可見，恐懼、焦慮就像死神一樣，會將這種情緒的主人帶離世間。這便是心理學上的「情緒效應」。

　　在現實生活中，這種效應無處不在。一個人在生活中難免遇到不順心的事情，假如不能寬容，在胸中積怨成怒、大發脾氣，則會危及健康。醫學上認為，脾氣不好的人是很難長壽的，因為一件芝麻大的小事而大動肝火，嚴重時還會引發生理疾病，想想真的很不值得。

避免情緒的大幅波動 —— 鐘擺效應

　　有一個小男孩總是和村裡的小孩起衝突，每次放學回家，爸爸都會在小男孩的身上發現多處傷痕。父親看著這些新傷舊傷，真的不忍心再責備他了，於是他壓住心裡的怒火，誠懇地

對兒子說：「孩子，爸爸小時候也像你一樣，但是爸爸後來發現了一個很有用的方法，不但不再與朋友們打架了，還和他們成了好朋友。你想不想知道這個好方法是什麼？」小男孩抬起滿含淚水的眼睛，問：「爸爸，是什麼方法這麼神奇？」於是爸爸就告訴小男孩，以後如果感到很生氣，想要發洩的時候，就先在心裡數十秒，如果到時候還是那麼生氣，再向對方發洩也不遲。小男孩照做了，並且令他奇怪的是，每次數完十秒，自己就根本不想再發脾氣了，這樣與朋友們的爭執也越來越少。後來，他開始和朋友們一起上學、放學，關係變得很要好。

其實爸爸的方法在心理學上被稱為「鐘擺效應」，就是說人的情緒像鐘擺一樣，會朝著相反的方向擺盪。相傳，在古老的西藏有一個叫愛地巴的年輕人，每次只要和別人生氣或發生爭執都會調頭跑回家去，然後在自己家的屋子、田地周圍跑上三圈。隨著愛地巴家的房屋越來越大，田地的範圍也越來越大，每次繞圈跑都會將愛地巴累得氣喘吁吁，但是愛地巴從來都沒有放棄這個習慣。後來，愛地巴老了，當某天他實在忍受不了爭吵時，便拄著枴杖繞著房屋和田地慢慢地走了三圈，這個時候，天已經黑了，而他的心情也好了許多。

愛地巴有個可愛的孫子，他見爺爺年紀這麼大了還這樣做，便奇怪地問：「爺爺，為什麼你心情一不好就要繞著我們家的房子走？有什麼祕密嗎？」愛地巴爬滿皺紋的臉上露出了笑容。他說：「在我年輕的時候，只要一生氣，我就會繞著房屋和田地跑

上三圈，一邊跑著，一邊在心裡想『我的房子這麼小、土地這麼少，哪有閒工夫與別人吵架呢？還不如將時間用在有實際意義的事情上。』於是我就努力地工作；當我年紀大了的時候，房子也慢慢大了起來，土地也變多了，這個時候如果生氣，我還是會繞著它們跑三圈，一邊跑著，一邊在心裡想『我的房子這麼大、土地這麼多，為什麼還要和別人吵架呢？』於是，也就不再生氣了。」

「鐘擺效應」的故事告訴我們，人在面對外界刺激的時候，難免會受影響，造成情緒上的大幅波動，有時甚至會因此而做出某些過激行為，但是我們要學會克服這種心理，避免情緒上的大起大落。

▌找到發洩情緒的適當途徑 —— 霍桑效應

美國《讀者文摘》中曾經刊載了一則小故事：某天深夜裡，一個醫生接到一通令他很納悶的電話。電話那邊傳來的是一個陌生婦女的聲音，還沒等醫生開口，對方就說了一句：「我恨透他了！」醫生不明就裡地問：「他是誰？」「他是我的丈夫！」醫生更加迷惑不解了，又問：「請問你是需要什麼幫助嗎？這裡是診所。」但是那位婦女好像並沒有聽見似的，接著說：「我一天到晚要忙著做家事，還要照顧家裡的四個孩子……」醫生覺得很

突然，就很禮貌地打斷了女人的話：「對不起，我想你是打錯電話了。」可是電話那邊依舊是女人聲音沙啞的控訴：「他以為我在家就是享清福，有時候我想出去透透氣、散散心，卻遭到他的反對，說我想撇下孩子不管，可是他自己每天晚上都出去，到深夜才回來，說是有什麼應酬！」女人嘆了口氣，「什麼應酬！鬼才相信！……」電話這邊的醫生沒有再打斷女人的話，而是一直聽下去，直到女人最後說：「對不起，我知道您並不認識我，我也不認識您，但是這些話我憋在肚子裡很久了，感覺十分壓抑，現在我向您說出來，感覺一下子輕鬆了很多。謝謝您，打擾您了，抱歉。」然後婦女掛掉了電話。

　　這在心理學上被稱為「霍桑效應」。霍桑是美國芝加哥郊外的一家生產專用交換機工廠的名字，該廠有良好的生產條件，但是員工的工作熱情卻並不是很高，造成生產效率長期低下，於是一個在心理學上很著名的「霍桑實驗」就產生了。透過實驗，該廠得出一個結論：生產效率的高低是由這些員工的工作精神狀態決定的。於是該廠採取了提高員工精神狀態的措施，讓他們將自己內心的情緒加以發洩，這才漸漸提高了生產效率。

　　「霍桑實驗」給我們的啟示：現實生活中，每個人都會有無法被滿足的願望，並會由此產生不滿、得過且過，甚至是自暴自棄的負面情緒。情緒是個可怕而又無形的精神殺手，一旦發覺，就要想辦法尋找出口，加以宣洩，而不是過分地壓制，當然情緒的宣洩並不是你隨意抓來一個人就可以把他當作「出氣

筒」，更不是將自己的不良情緒傳染給他人，而是要找到最適合自己的宣洩方式，比如傾訴或者是轉移注意力。用音樂、文字、旅遊等方式改變當下的心理處境，不僅有益於身心健康，更加有助於家庭生活和事業正向的發展。

▌認識自己，避免認知偏差 ── 自我暗示效應

　　某小學在開學的時候，對每一個入學的學生都進行了一次智力測驗，並按照測驗的結果將這些學生分別放在了資優班和普通班。後來，在每次的考試中，普通班似乎總是讓老師們失望，成績遠遠落後於資優班。但是，在一年之後的一次校務檢查中，老師們發現了一件令人驚嘆的事；原來當初的智力檢測結果被粗心的實驗人員弄反了！這不禁引起了在場所有人的思考：智商高的孩子怎麼會變成普通生？而那些被安排在資優班的普通孩子居然成了資優生。

　　心理學家對這種現象作出了解釋：資優班的孩子們因為受到了屬於「資優生」的關注，從而在潛意識裡會有某種心理暗示，並朝著「資優生」的方向發展；而被錯放在普通班的高智商孩子們，卻受外界眼光的影響，無時無刻不在暗示自己智商低，久而久之，當然不會取得好成績。由此可見心理暗示對個人發展的重要性。這種心理效應在心理學上被稱為「自我暗示效

應」。生活中很多人都會受到來自外界訊息的暗示，很容易出現對自己認知的偏差，因此，每個人都應該清楚地、準確地認識自己，不要讓情緒受到外界的影響。

▋ 情緒的極限 ── 超限效應

有一個很貪玩的國中生，由於迷上了網路遊戲，每天下午放學之後都會泡在網咖裡不回家，並常常玩到深夜。每次回家之後都會遭到母親劈頭蓋臉的責罵，還說以後再這樣就不准她上學了。誰知道，這個女孩非但沒有聽進去，還開始翹課。某天深夜，她照樣很晚才回家，結果當天開門的是父親。令女孩更加意外的是，父親並沒有責怪她，只是淡淡地說了一句：「你真的讓我很失望。」然後頭也不回地走了。這一夜，女孩徹夜難眠。後來，女孩再也沒有晚歸過，而且成績也有了很大進步。

這在心理學上被稱為「超限效應」。話說美國著名作家馬克・吐溫（Mark Twain）有一次在教堂裡聽演講，進行演講的是一位牧師。起初，他覺得這位牧師的演講很精彩，於是決定多捐一些錢給他。但是時間慢慢地過去，馬克・吐溫感覺到乏味，心想：講得也不怎麼樣，乾脆捐些零錢算了。而在又一個十分鐘過去了之後，馬克・吐溫發現這位牧師的演講簡直糟透了，就這樣好不容易到了演講結束，該捐錢的時候，馬克・吐溫非但

沒有捐錢，還從放錢的盤子裡拿走了兩美元。心理學上把這種現象叫作情緒的「超限效應」，即人類會因為受到的刺激過多、過量、過強、持續時間過久而引起情緒超限現象，從而導致不耐煩、叛逆的心理狀態。該效應告訴我們：「多說無益」。凡事點到為止，過分強調與重複只會引起情緒上的反抗心理，反而適得其反。

▍斬斷壞情緒的輪迴 —— 踢貓效應

　　丈夫在公司被上司狠狠批評了一頓，回到家還是一肚子火，一個人悶不吭聲地坐在餐桌上。吃飯的時候，妻子見丈夫一臉不開心的樣子，就特意夾菜給他，沒想到丈夫非但不領情，還說：「我自己沒長手啊？幹嘛夾菜給我？這菜做得越來越糟了！」妻子見狀立刻僵住了笑容。坐在旁邊的小君看在眼裡，想幫媽媽解圍。於是，便撒嬌似的對媽媽說：「媽，夾給我，我要吃那個。」一邊說著一邊將筷子指向離自己並不遠的青菜。不料媽媽回頭就給了小君一句：「自己沒長手啊，要吃自己夾！」而這個時候，窩在小君腳下的小貓朝小君叫了叫，不想竟被小君狠狠踢了一腳，小貓夾著尾巴就跑出去了。衝出門的小貓剛好迎面遇到馬路上的一輛轎車，司機看見小貓，急忙轉向避開，但沒想到竟然撞到了路邊的孩子。

　　這種現象在心理學上被稱為「踢貓效應」。在美國洛杉磯的一位心理學家加利・斯梅爾做過一個實驗：他讓自己的兩個性格完全相反的朋友在一起聊天，一個樂觀開朗、生性活潑；另一個多愁善感，常常為了一點小事就鬱鬱寡歡、愁腸百結。一個小時後，當加利・斯梅爾加入他們的談話時，竟然發現，那個樂觀開朗的朋友已經開始唉聲嘆氣了。由此可見，壞情緒的傳遞就像一個永無止境的循環，如果我們一遇上什麼不開心的事情，就不加選擇地向自己的家人和朋友發洩，不僅會將不好的情緒傳遞過去，為他們帶來困擾與傷害，還會嚴重影響到彼此關係的和睦。

▌將「最壞」進行到底 ── 卡瑞爾定律

　　1951 年的一個早晨，在法國凱普里斯海岸，有一個名叫溫妮的加拿大游泳選手在這個地方跳入了英吉利海峽。當時她已經是三個女兒的媽媽了，從跳入水中的一瞬間她就不停地在與海浪、寒流進行著搏鬥。她的眼睛被水母咬到了，疼痛難忍，四肢也被冰冷的海水泡到麻木，眼看就要堅持不下去了。溫妮與自己進行了很多次激烈的天人交戰，並且做了最壞的打算：如果放棄，要嘛在海水中被淹死，要嘛在心底留下遺憾，既然如此還不如做最後的努力。可是後來，這兩個設想並未發生，

憑藉著堅強的毅力和決心，溫妮最終成了橫渡英吉利海峽的第一個加拿大人。

　　這種心理在心理學上被稱為「卡瑞爾定律」。紐約有一家水牛鋼鐵公司，工程師卡瑞爾接受了一項任務，被派到密蘇里州去安裝一架瓦斯清潔機。一段時間以後，卡瑞爾安裝好的機器幾乎可以運作了，可是他隨即又發現，機器運作的效率遠遠沒有達到公司的標準。在對自己感到無比懊惱的同時，他也想到了最壞的結果。首先，最壞的、最有可能出現的結果是自己丟掉這份工作，老闆將這架不合標準的機器拆掉，並損失兩萬塊錢；其次，丟掉這份工作以後可以再找一份比現在更好的工作，而我的上司，他也不會將這兩萬塊算在我的頭上，我可以很輕鬆地離開；最後，在說服自己接受眼前的現實之後，卡瑞爾開始專心致力於機器的改進工作，不久之後，終於發現：只要再花 5,000 塊錢來改進一些設施，問題就不存在了。

　　「卡瑞爾定律」告訴我們，在面臨困境的時候，可以做最壞的打算，但是如果想解決問題，就必須在精神層面上先接受它，說服自己不安的情緒，才能將所有的精力都放在解決問題上，帶著情緒做事是永遠不能做出一番成績的。

▌及時調節情緒上的波動 —— 蝴蝶效應

　　小王是一家公司的員工，最近因為與妻子鬧得不愉快，每天總是很晚才下班。他把自己關在辦公室裡，很久都不出來。他一些細心的朋友知道，這其實是因為上個月的一次例會，經理在會議上當眾點名批評了小王，當天小王的情緒很不好，回到家後，妻子問話也不搭理，妻子便賭氣似的不再和他說話，本來心情就不好的小王根本沒有心思像往常一樣去哄妻子開心，而是在一陣大吵後自己一個人摔門而出喝悶酒去了，結果這一去就是一整夜，第二天直接去了辦公室，也沒接妻子的電話。晚上回到家後發現妻子已經收拾東西回娘家了。心情鬱悶的小王也後悔自己太魯莽了，但是一想，本來自己心情就不好，妻子非但不幫自己分憂，反而給自己徒增苦惱，真是很不懂事，走了也好，我過幾天清靜日子。於是這些天，小王一直泡在辦公室裡，看似在埋頭工作，其實心裡早已鬱結不已，幾乎到了崩潰的邊緣。

　　小王的這件事情其實是由經理的批評開始的，這是「導火線」，工作上的不順導致情緒不好，回到家後情緒失控與妻子爭執，而妻子的離開也讓小王無法順利地轉化自己的負面情緒。這可以用心理學上的「蝴蝶效應」來解釋。蝴蝶效應起源於南美洲亞馬遜河流域熱帶雨林中的一隻蝴蝶，每當它偶爾搧動一下翅膀，兩個星期後，便很可能會在美國整個德克薩斯州掀起一

場龍捲風暴。心理學解釋為一種因果性不鮮明的、區別於普通的連鎖反應的情緒反常及行為。

　　人類的情緒就像是一顆水滴，即使再小，只要在雪坡上滾動，也會變得越來越大。承受現代生活重壓的都市人，常常會在無形中遭受來自多方面的壓力。「蝴蝶效應」告訴我們：遭遇情緒問題，要及時進行調節，千萬不要忽視情緒上的小波動，否則它就會像滾雪球一樣，越滾越大，造成不可收拾的後果。

第三章
管理心態，做最好的自己

　　社交、溝通、說話，看似是很容易的事情，卻令很多人心生畏懼。有些人一講話就不自在，有些人一講話就出錯，還有些人雖然口齒伶俐，但缺少真誠，讓人反感⋯⋯所以，在學習人際交往心理學之前，我們要先管理好自己的心態，做最好的自己。

▌心態的魔力

　　有一天，一個小女孩在上學的路上遇見了雷雨，眼看著雲層漸漸加厚，閃電一個接著一個，不久豆大的雨滴落了下來。女孩的母親很擔憂，要是女兒走在樹下被雷擊中怎麼辦？她不敢再往下想了，於是趕快啟動車子去接女兒。當她沿著平日的小路一路開去的時候，便看見了不遠處獨自走在路上的女兒。奇怪的是，她竟然一點都不害怕，每次打雷時，她都會停下腳步抬頭看看天空，然後微笑。母親看了一會兒，便下車叫住她，問她怎麼不趕快回家，在這裡磨蹭什麼。小女孩依然不改臉上天真的微笑，說：「上帝在給我照相呢，當然要笑啊！」

　　還有一個故事發生在醫院。兩位住院的老人長期忍受著病痛的折磨，一位老人說：「床這麼不舒服，周圍這麼多人，吵死了，每天來輪班的護士也不負責，牙齒還掉了一顆，但是從來沒有人來關心……」聽者都覺得老人很痛苦，她的這種情緒也不知不覺感染了去看望她的親人們，於是他們覺得老人的病情也很不樂觀；而另一位老人則說：「在遭受病痛折磨的時候，居然還有人來照看並且得到醫生和護士的精心醫治和看護，我很感激。這裡不僅床很舒適、環境也不錯，儘管現在牙齒掉了一顆，但是很慶幸還沒有影響到我的進食。」這位老人的親人們每次來看望她時都感覺很輕鬆，也都盡力為老人家營造愉悅的氛圍。

同樣是面對電閃雷鳴的天氣，在母親眼裡是擔憂、是糟糕，是女兒被雷不幸擊中的痛苦結局，而女兒卻在自在地享受著上帝贈予的「拍照」。生活中的苦樂喜憂其實完全取決於我們自身的感覺，若能轉換心境，就連走在大雨裡都是一種享受。第二個故事中的兩位同樣遭受病魔折磨的老人，之所以一個抱怨連連、消極悲觀；一個感激涕零、樂觀向上，就是因為在困境面前兩者所持的心態是截然相反的，因此，她們眼裡的世界才一個是冷漠的，一個是溫暖的。就像面對一個裝有半杯水的玻璃杯，樂觀者會說：幸好還有半杯水呢；而悲觀絕望者會說：只剩半杯水了。

生活往往也是如此，一些在某些人看起來很不如意的事情，在另一些人的眼裡卻是一種極大的滿足。面對困境和挫折的時候，每個人都有權力選擇該怎樣去面對，可以抱怨、悲觀消極；也可以感激、樂觀向上，但是要知道：只有樂觀才能有機會改變境遇，從而改變生活。

▌坦然面對生活中的起與落

她本來有一份成功的事業，大學畢業那年，她便開始投身於自己的事業，獨自打拚了 5 年，終於開了一家真正屬於自己的公司。30 歲那年，她結婚了，結婚對象是一個大她 8 歲的男

人。嫁給他時，他還什麼都沒有，但不久之後他便成了某家公司的老闆。一年後，她為他生了一個白白胖胖的兒子，然後就專心在家相夫教子。

上帝終究是垂青那些努力的人的，看似一切都完美無缺，可是一張化驗單竟徹底改變了他們的生活 —— 她被查出患有胃癌，並且已經晚期，最多只有一年的時間。五雷轟頂一般，兩人癱坐在地上，許久都不曾動彈。後來，她撲在他的懷裡放聲哭起來，哭完後像沒事一樣和他一起回家，繼續照顧他的衣食起居，照顧剛剛上幼稚園的兒子。只是接下來的日子裡，她養成了寫日記的習慣，她想，就讓這 365 篇日記作為我愛過這個家的證明吧。他們的婚姻似乎更加美滿了，她每天早上總是幸福地送丈夫出門，然後送兒子上學，下午滿臉笑容地去幼稚園接兒子，回來後煮上一桌子好吃的飯菜等著丈夫回家。這樣的生活一直持續了 8 年之久。不知道是醫生誤診，還是後來的生活救了她。總之，她就這樣奇蹟般地好好地活了 8 年，最後安詳地離去。

後來，她的丈夫回憶說：「孩子從來都不知道這件事，每當我們單獨待在屋子裡的時候，我會突然陷入沉默，而她總是很樂觀地說『事已至此，何不坦然面對？我們的兒子需要一個快樂的成長環境。』我想，或許就是這份信念救了她。」

「事已至此，何不坦然面對？」多麼簡單的一句話，但其

背後是一顆多麼堅強的心啊！當幸福的大門已經向她敞開的時候，上帝卻告訴她只有一年的期限。然而在絕望的現實面前，她選擇了堅強和接受，假如人們不能控制不幸的發生，那就只能控制好面對不幸的反應，積極的反應總是不負所望的。卡內基（Andrew Carnegie）說過，面對不可改變的現實，只有三種選擇：一是接受並適應它；二是抗拒導致人生覆滅；三是積壓在心頭，日積月累，神經衰弱而亡。聰明的人應該知道選擇哪一種吧。時間有一股神奇的魔力，你希望生活將來能夠是什麼樣，那就用相應的情緒和心理去經營它，平靜地面對潮起潮落，再難的關都將渡過。

▍選擇困難 ── 布里丹之驢效應

　　小蘭非常慶幸自己嫁給了一個浪漫的老公，不管是什麼節日，她都會收到一份來自老公的禮物，有的時候還很出乎她的意料。上次的情人節，老公竟然在下班時突然出現在她的辦公室，手捧一束鮮豔的玫瑰站在小蘭的面前，儼然是一個追求女生的青澀少年，然後兩人便手拉手一起去看了場電影。

　　這樣的驚喜不計其數，但是似乎從來都沒有重複過。結婚一週年的紀念日馬上就要到了，這一次，老公特意換了種方式，他給了小蘭三種選擇：兩張去歐洲旅遊的機票、一支精緻

的手錶、一張昂貴的美容會員卡，但是只能選擇一種。小蘭一直都想出去散心，能去旅遊的話最好不過了，但是也不想放棄美容的機會，而那支舊手錶早就壞掉了，早就想買支新的了，於是左思右想，小蘭在三者間拿捏不定，連吃飯的時候都在想要選哪一個。

　　面對三種都極其喜歡的禮物，別說是小蘭取捨不定了，很多人都很難快速作出決定來。困擾小蘭的難題雖然很難選擇，但是不管她最後選擇哪一種，結果都不會讓她失望。可是在生活中，還會有更加艱難的關鍵性的選擇，這個時候如果左右拿捏不定，難以決策，恐怕會有更大的困擾。比如畢業後是找一個符合自己的專業並且喜歡的工作，還是選擇一份薪資相對較高卻沒有發展空間的工作呢？是回老家發展，還是繼續留在大城市？是一輩子都當別人的屬下，還是自己開始創業？是嫁給一個瀟灑多金的男人，還是選擇那個老實憨厚、經濟能力卻普通的青年呢？……

　　人生其實是由一道又一道的選擇題組合而成的，有時候，一個人只能選擇一種答案（單選題），選擇了其中的一種，就意味著你將放棄其他的選項。而有的時候，雖然可以多選，但是少選或錯選一個，這道題目也還是做錯的。相傳在法國古代有位叫布里丹的哲學家養了一頭小毛驢，主人每天都會買一種草料放在它的面前，但是有一天主人多買了一份，面對數量和品質都相差無幾的草料，這頭小毛驢非常為難，左看右看都不知

道該吃哪一堆才好，最後在反反覆覆的猶豫不決中，終於被餓死了。心理學家把這種心理現象稱為「布里丹之驢效應」，這在心理學上是一種心理衝突的表現。要想克服心理衝突，首先需要有一個健康的心理，面對選擇，該決斷的時候就應果斷作出決定，否則或許就會付出更高的代價。

▌ 不要試圖控制你身邊的人

　　研究者對離婚案例的探究顯示出一個很有意味性的理論：愛的最初是美好而甜蜜的，但是到最後，愛會發展成為壓迫或操縱對方的一種手段，即控制慾。曾經有一對夫妻就是這樣的典型例子。姑且稱他們一個為黎娜，一個為大衛吧。兩人談戀愛的時候，黎娜就是一個粗線條的女人，活潑開朗、異性緣很好，為此也常常遭到大衛的責問，但是黎娜覺得這樣反而更加展現了大衛對自己的重視，覺得甜蜜至極。後來交往不到兩年，兩人便結婚了。婚後一切都很平靜，大衛主動擔當起了養家的重任，理所當然地成了家庭經濟的主要來源，而黎娜則一直待在家中，被大衛無微不至地呵護著，他甚至像對待一個小女孩一樣來寵她，不會凶她，不會對她所做的任何一件事情加以指責，即使有的時候黎娜確實做錯了。

　　這種情況持續了很長一段時間，當黎娜從婚前的野蠻女友

逐漸轉變成一個小鳥依人型的小女人的時候，大衛的態度開始產生了變化，他會指責黎娜亂花錢，但是當黎娜提出去工作的想法時，他又極力地反對。平時只要黎娜在家裡有一點做得不好，他就指責黎娜。早已習慣了依賴大衛的黎娜這時候在心理上總會產生巨大的失落感，檢討自己是不是哪裡做得不好，惹他生氣了。為了討得丈夫的歡心，她甚至放棄了所有與好友娛樂的時間，生怕有一天大衛不要她了。於是，她的重心開始漸漸轉向大衛和家庭，丈夫的一舉一動都會牽動著她的心，從前勾肩搭背、無話不說的異性朋友們已經逐漸從她的世界中淡出 —— 黎娜完全被她的丈夫掌控了。

　　大衛的做法其實是現代婚姻生活中很典型的男人控制女人的一種方式。他利用不允許妻子外出工作的方式來降低她的地位，用無微不至的關懷與體貼來獲得妻子的心，使她在精神上完全依賴於他。當他成功地成為她精神和生活中的主宰的時候，又使用疏離和批判的手法來動搖妻子在婚姻中的安全感，而妻子也已經陷入一種思維模式：他是我生活的全部，並竭盡全力討他的歡心，完全沒有了自己的世界。

　　同樣，一些控制慾比較強的女性也會在婚姻中採用類似的方法來控制自己的丈夫，比如會說一些煩心事給他聽，希望他也為此而煩惱一番，並把丈夫的反應視為是否重視她的表現，當得不到滿意結果的時候便會心生怨懟，使用各種方式來使丈夫不悅，但是有的時候又會溫柔可人、慷慨備至，簡直判若兩

人。長期下來，丈夫就會失去信心，開始感到焦慮不安，要時時看著妻子的臉色來行事。一個控制慾強的人使用不同手法對待自己的伴侶往往都是想要達到一個效果，那就是擊垮對方的信心，造成其心理上的混亂，使其產生挫敗感，從而達到成功支配對方的目的。

因此，當兩個相愛的人相互控制的時候，愛便成了一種枷鎖，甚至導致分離。

▌是否得不到的才是最好的

他出生在一個並不富裕的家庭，從小就渴望有一天可以住進大房子，有一件純白色襯衫。讀書的時候，他看見別的孩子有新鞋、有漂亮的書包，每天吃美味的零食，用高級的手機……於是他的心裡便悄悄裝滿了大大小小的夢想。後來出社會工作、開始賺錢了，那些大大小小的理想也一點一點地變成了現實。當衣櫃裡裝滿各式各樣的白色襯衫的時候，他開始覺得它們太容易髒了，於是不再喜歡穿了；當鞋櫃裡的鞋多到他每天早上出門不知道該選擇哪一雙才好的時候，他居然萌生了要扔掉幾雙的念頭；自從一部筆記型電腦擺在他的辦公桌上之後，手機幾乎一直安靜地躺在他的口袋裡——除了平時接打電話；當他每天住在大房子裡，下班後獨自對著電視的時候，他

突然好懷念以前一家人擠在一起的溫馨……心想，這些也不過如此。

　　生活中這樣的例子不計其數，當想要的東西都一個個得到了之後，便會覺得一切也不過如此。沒有擁有之前，覺得它們是那麼美好，而擁有了之後又開始忽視、厭倦。難道真的是得不到的才是最好的？

　　有這樣一句話：在男人的心中，初戀永遠都是最美麗的遺憾。心理學家指出，任何人都有為滿足心理需求而產生的一個動力系統，若該系統被迫中斷運作，那麼那些強勁的動力將永遠存在。而一旦任務完成，與之共存的動力系統也就隨之消失。由此可見，那些「得不到的」正是「未完成的任務」，它們促使渴望被滿足的心理一直存在著，並讓人固執地認為那些留在記憶最深處的「得不到」便是最美麗的。

▍別讓妒忌毀了你的生活

　　有一個女孩如願以償地和自己崇拜多年的偶像交往了，她崇拜他的文字如此優美，崇拜他的思想那麼高尚，他想的事情總是與平常人不一樣，他的為人也因此而顯得特別有魅力。女孩和他結婚了。剛開始，她多麼慶幸在一群追求他的人中，她是那個被幸運選中的人，而不再是一個默默無聞的崇拜者。之

後他們一起吃飯、共枕而眠，一起出入高檔別墅，她享受著與他一樣的優越生活。然後，女孩便覺得自己已經和丈夫一樣高貴了，從前丈夫在她的眼中就是一個無法企及的神，而如今自己就真真實實地站在和他平等的位置上。

另外，在日復一日的相處中，她也漸漸發現，丈夫其實和常人沒什麼兩樣，他並沒有她原本想像的那樣偉大。於是她心裡一邊害怕，一邊產生了怨恨：為什麼我如此崇拜他、愛他，他就不可以崇拜我？因此，她漸漸變得愛管閒事，習慣以丈夫的名義發言、說話。後來自然引起了丈夫的不滿，兩人的矛盾也浮出水面。女孩開始覺得周圍都是情敵，處處是險境，從此便仔細觀察丈夫人格上的弱點、生活中的缺點以及他在不經意間暴露出的卑微之處，然後會將所得到的消息和自己的姐妹們分享。最後當他們不得不離婚的時候，女孩說：「我沒有遺憾了，因為我終於看清了一個男人的真實面目。原來完美這麼不堪一擊，是我親手將它毀滅的。」

一個人對另一個人的崇拜究竟可以持續多久？誰也不知道，但不管怎樣，你要明白的是，完美的人並不存在，如果非要說有，那麼從一開始就是自己在自導自演——建構、享受，再毀滅。女孩為何會親手毀滅好不容易得來的幸福？也許很多人都想不到，這是因為她的心中有一顆妒忌的種子。它那麼狡獪地混淆於男女關係之中，使人難以辨別，女孩在偶像丈夫面前的挫敗感、失落感以及期待和丈夫平起平坐的心理，無不有妒忌

的影子；她想完全占有他，不願意「情敵們」成為自己的威脅。就如同她看見一件自己喜歡的珠寶擺在面前，卻無法用自己的能力去擁有時所產生的挫折感，心想有一天它會出現在別的女人的身上，妒忌便由此產生。當某個人產生這種情緒時，外界越是刺激他，妒忌便會越強烈。消除妒忌的有效方法是獲得「認同感」，這樣才能減小彼此間的差距，縮小心理落差。

在日常生活中，妒忌的影子無處不在。比如，你看到別人家的小孩考上了頂尖大學，想起自己家的小孩只能在普通的大學讀書時，感到沒面子，繼而產生怨懟心理，心胸狹隘的人會將它無限放大，而懂得用欣賞的眼光看待他人的人，便會獲得心靈上的解脫。

▋ 飢餓的時候，還介意什麼

某天，一家動物園裡新來了一名年輕的大象飼養員。按照慣例，這位年輕人必須接受培訓，而負責培訓工作的老飼養員告訴他說，在餵養大象的時候，千萬不要給牠過多的食物，不要擔心牠被餓著，否則大象就很難長大。年輕人心想：這是什麼歪理啊？後來，在飼養的過程中，他並沒有聽從老飼養員的話，而是在大象的面前擺滿了食物，生怕把大象餓著。然而兩個月後，當大象的兄弟們都飛速長大的時候，他所飼養的那隻

卻沒什麼成長。年輕的飼養員以為是大象的體質不好，後來老飼養員和他調換了大象，但是一段時間以後，老飼養員的大象又長得飛快，而年輕人養的那隻又長得比較少。年輕人感到疑惑，於是老飼養員一語道破：「當大象不缺食物的時候，面對眼前的食物反而不當一回事了。不好好吃飯，自然長不大。我所飼養的大象雖然總是在飢餓中忍受煎熬，但是面對得來不易的食物，牠懂得珍惜，並好好將食物吃掉，進而充分消化，因此才有了健壯的體魄。」

　　動物在面對得來不易的東西的時候，尚會知道珍惜、好好利用，那麼人呢？有一位母親，因為工作需要必須出國幾個月。於是就將還在讀小學的女兒託付給自己的母親照看。不久，女兒的舅媽打電話給她說：「我幫我兒子報了鋼琴才藝班，並請了一個家教老師。你家麗麗也想學，要不然交點學費讓她一起學吧！」這位母親果斷地說：「不行，不要讓她養成亂花錢的習慣。」不久，舅媽又打來電話了：「我看你家麗麗是真的想學，讓她學吧！」但是這位母親還是沒同意。差不多一個月後，麗麗自己打電話來了，哭著對媽媽說：「大家都在學鋼琴，我也好想學，媽媽你就讓我學吧，我一定比其他的小朋友用功，彈得一定比他們好。」這一次她同意了。這個小女孩果然很努力，似乎很有天賦，後來還代表學校參加了全縣的鋼琴比賽。

　　由此可見，在面對得來不易的東西時，人們往往會更加珍惜，太容易擁有的反而會被忽視。這在心理學上被稱為「飢餓療

法」，即在飢餓的時候，任何東西都是美味的。所以，適當地實施「飢餓療法」，或許會收到事半功倍的效果。

▌學會放下，才能收穫更多

小河從遙遠的高山上而來，流經許多森林與村莊，最後來到一片沙漠。但是，這次小河遇到了難處，不管他怎麼努力就是過不去。灰心的小河嘆道：「也許這就是命吧，這裡便是我生命的終結了。」就在這個時候，四周響起一陣低沉的聲音來：「微風都可以越過沙漠，為什麼小河就不可以？」小河不服氣說：「微風可以飛過去，可是我不行。」

沙漠繼續說：「假如你一直堅持自己原來的樣子，那你永遠都越不過。」小河疑惑地說：「你是說要我放棄自己原來的樣子？那麼我就不再是小河了。」

「對，變成水蒸氣，讓微風帶著你飛過這片沙漠，你就可以到達你的目的地了。要不然你只能消融在乾旱裡，任空氣將你蒸發、消失不見。」

「那還是原來的我嗎？」小河想著自己的夢想，猶豫了。

「說是也不是，說不是也是。當你乘著微風飛過沙漠，等到了你夢想中的地方，只要你還願意繼續完成夢想，微風就會將你變成雨水，匯進河水裡，這樣你便可以繼續向前。」沙漠很有

耐心地說著，「實際上，只要你的本質沒有改變、堅持自己的夢想，相信你依然會是原來的小河。」小河輕輕嘆了一口氣，然後將自己融進空氣裡，隨著微風一起飄向遠方。這個時候，小河似乎做了一個夢，夢裡的他曾經也是這樣被微風帶著一起飛的，然後一直飛越大陸，跨越高山、叢林，最後在一片瀑布的奔瀉處，它變成了水氣，又變成雨水，形成了河流。

　　小河的夢其實並不是夢，只是它突然想起了曾經的自己其實也是由水蒸氣變化而來。小河遇到了來自沙漠的阻礙，本以為就此結束生命，但是沙漠提醒了他，要想跨越這片沙漠就必須改變現在的自己。似懂非懂的小河最終選擇了改變，才完成了繼續前進的夢想。

　　其實，人的生命歷程往往也像是一條小河，當遇到困難，無法跨越的時候，如果一味地堅持自我，堅持最初的原則，那就很難突破困境。這就告訴我們一個道理，當身處困境的時候，適當地放下自我、懂得變通，往往也是一種智慧。好比，當你煩悶時，如果一直想著那些不開心的事情，心情只會越來越糟，甚至還會走進死胡同，這個時候倒不如改變一下方向，卸下原本堅持的東西，看似你放棄了什麼，但實際上，只要你依然是你，生命會因這暫時的「放下」而得到更多。

▌心有一片湖

小蔣在工作上遇到了困難，面臨即將失去整個公司的困境，他痛苦萬分，不甘心辛辛苦苦奮鬥了半輩子得來的事業就這樣毀於一旦。已近中年的他臉上布滿了憂傷，和朋友喝酒的時候，他說起現在的自己已經一文不值。公司沒了，還有什麼能力去照顧妻兒？朋友不忍心見他如此消沉，就講了一個故事給他聽。

從前，有一個年輕人總是抱怨生活不公，甚至開始厭倦這樣的生活，有一次，他的師傅叫他去買一包鹽，然後讓他把鹽放在一個杯子裡，並要求年輕人喝一口。年輕人很聽話地喝了，皺著眉頭說：「好鹹、好苦！」接著，他的師傅又把年輕人帶到附近的一塊湖泊邊，抓了一把鹽投進去，你再嘗嘗，看看是什麼味道。」年輕人便捧了一口湖水放在嘴裡，說：「蠻新鮮的。」「還有鹹味和苦味嗎？」師傅問。「沒有了。」年輕人似乎已經恍然大悟。師傅見弟子漸漸舒展了眉頭，才開始說：「其實生命裡的痛苦就好比這些鹽，同樣的分量，為什麼在杯子裡很鹹、很苦，而在湖泊裡就沒有味道了呢？」

朋友說完看著小蔣，說：「人人都會有或多或少的痛苦。但是，你體驗到的痛苦有多重，則完全取決於你將它放在哪裡⋯⋯你失去了事業，但那僅僅是你生活的一部分，你還有妻兒，假

如還是一如既往地痛苦下去，你就真的什麼都給不了他們了。」
小蔣聽後沉默了很久。第二天，朋友就看見了一個笑容滿面的
他，帶著妻子和兒子在大街上散步，臉上是享受，也同樣感到
輕鬆。

　　人生難免會遭遇痛苦，上帝分給每個人的鹽都是一樣多的，
但為什麼有的人看上去十分快樂，彷彿一點煩惱都不曾有，而
有的人則整天一副愁眉苦臉的樣子呢？也許這就是因為他們用
來盛放痛苦的「容器」不一樣吧。因此，當你不開心、身處痛苦
的時候，千萬不要當杯子，杯子只會放大你的痛苦，而要敞開
胸懷，努力擴大自己的面積，如果足夠寬敞，便好比一片湖。
那麼，微不足道的痛苦就什麼也不是了，只有這樣，才能當一
個快樂的人。

▌最快樂是多快樂

　　曾經有一個人說他並不快樂，大家都笑話他：「你有一個有
錢的老爸，現在還有你自己的事業，銀行裡的錢這輩子都花不
完，你還說你不快樂？」他想，也對，既然有這麼多錢，我就
不相信還買不來快樂。於是他日日遊玩，幾乎吃遍喝遍了他認
為可以令他快樂的美食，他也去過很多地方，欣賞了所有他認
為可以帶來好心情的風景。但是事後，想起種種，他還是不快

樂。某天他看見一個小男孩在地上打彈珠的時候臉上洋溢著笑容，於是他走上前去問：「孩子，你快樂嗎？」男孩奇怪地盯著他說：「我很快樂呀！」一路上他還看見很多開心的人，詢問的結果都是「很快樂啊！」男子不解道：「就算現在是快樂的，那以後呢？」「現在快樂就夠了，很多、很多的『現在』不都是過去的『以後』嗎？」

　　當他依舊疑惑不解的時候，有一個人告訴他說：「去找那個世界上最快樂的人，穿上他的衣服，你就會變得和他一樣快樂。他就住在某某鎮上。」但是他來到這個鎮上始終找不到這個人的影子。一晃十年過去了，他一直活在不快樂裡，有時候都想早點結束這痛苦的生命，但是他還放不下所擁有的一切。一次偶然的機會，他聽說「世界上最快樂的人就住在一個山頂的洞裡」，於是他又執著地找到了那裡，一進去他就看見一個赤身裸體的人，便問：「先生，請問世界上最快樂的人住在這裡嗎？」那人說：「對，就在這裡。」「那他是誰？現在在哪裡？」「就是我，我就在這裡。」那個人回答說。於是他就向那個人提出想借他的衣服穿穿看，沒想到那人說：「你沒看見嗎？我從來不穿衣服。」

　　快樂的人不穿衣服？其實這衣服代表的是外在世界的誘惑和慾望，有時候只是內在心靈的束縛。人之所以不快樂就是因為總是想著要快樂，實際上卻並不知道快樂究竟是什麼。佛曰：愛別離，怨憎會，撒手西歸，全無是類。假如脫去這愛恨、得

失、聚散、悲喜的外衣，或許就會頓悟出怎樣才是快樂的人生。有人說，人生就像是一顆青橄欖，仔細咀嚼方有甘泉般的清醇，但始終都會有難以言說的苦澀。人類不可能不穿衣服，也代表著人類不可能避免那些所謂的束縛，關鍵是看你如何去面對、去解決這些矛盾。適當地忘記、適當地放下，是一種能力，也是一種智慧的選擇。

　　「歡樂無窮又悲苦欲絕，一如情感，一如生活。」歌德如是說。是什麼讓人們總是不快樂？其實是自己。生活原本就百味俱全，沒有苦的對比，哪裡有甜的美味？沒有悲苦的存在，哪知幸福的喜悅？沒有痛苦的摻和，怎有追尋快樂的執著？

▎如果你快樂，請傳播

　　有一個美麗的年輕女孩患了重病，必須立即動手術。最後父母將她送進了一家大醫院，前來為她診斷的是年輕英俊的醫生郝武德・凱禮，因為聽說病人是某座城市轉來的，便下定決心一定要親手將她的病治好。手術之後，醫生對女孩也很關照，但是從來沒有正面和女孩交流過。在醫生的精心照料下，女孩的病情很快穩定了下來，並開始漸漸康復。出院的那天，按照規定女孩一家要將手術費用以及這段時間住院的錢付清，女孩明白也許這筆帳將要用她一輩子的時間才能還清了。然而開啟

帳單的那一刻，女孩以及她的家人都愣住了，帳單上清清楚楚地寫著：「一杯鮮奶已足以付清全部的醫藥費！」署名是郝武德‧凱禮醫生。

原來，在若干年以前，當這名郝武德‧凱禮醫生還在讀書時，他為了賺足夠的學費，不得不挨家挨戶地推銷貨品。有一天晚上，可憐的郝武德‧凱禮幾乎難以堅持了，寒冷與飢餓折磨著他，那時有一束暖洋洋的燈光從一扇小窗戶裡照出來，促使他決定抓住這最後一線希望。於是他便敲開門，原本是想討口飯吃，但是開門的是一個美麗的小女孩，這讓他立即失去了勇氣，最後只說想要一杯熱水暖暖身子。女孩顯然看出了他的窘迫，於是從屋裡端出滿滿一大杯鮮奶遞給他。當他不慌不忙地喝完並問需要支付多少錢的時候，女孩說：「你不需要支付我一分錢。母親教導我們，要將幸福與快樂傳遞，為此不求回報。」就是這樣簡單的一句話語，郝武德‧凱禮記住了，並最終經過自己的努力實現了自己的夢想。

這是一個愛的美麗循環，很多人讀過這個故事也許會想到「贈人玫瑰，手留餘香」。沒錯，付出的同時，你也會收到相應的回報，但是從另一個角度來看，其實這也是一種傳播，就像美麗的女孩對郝武德‧凱禮說過的話：「要將幸福與快樂傳遞。」一個人快樂是快樂，兩個人一起快樂便是幸福。如果快樂的人將自己的快樂傳遞給他人，相信世界一定是一片暖洋洋的天空，那麼你的快樂也會更加持久。所以，千萬不要吝嗇你的快

樂和幸福，如果此刻的你是快樂的，那就將它快點傳遞給你身邊的人吧，親人、愛人、朋友、同學、同事⋯⋯當快樂成為接力，你也會發現自己比以前更快樂。

▍接受殘缺，千萬不要同情自己

　　小張年幼時患了一場大病，雖然保住了性命，但是從此不能再站立或走路了。他的父親是郵局的主管，便在小張畢業後為他安排了一份可以坐著的工作。工作三年之後，小張意外地辭職了。當被問起為什麼的時候，他能看出周圍人眼裡對他的同情，有的甚至還充滿了不屑和憐憫，自尊心極強的小張再也不想待下去了。辭職以後的小張先自己開了一間小小的書店，可是不到半年就因都更而關閉。之後他又和其他人一起開了一家印刷廠，但是一年之後就因合作人背信棄義而不得不停止經營，同時也負債累累。父母都勸他還是乖乖回去上班，別再白費工夫了。

　　但是小張依然沒有放棄，有了前兩次失敗的經驗，第三次，他開了一家小餐廳，一年之後竟然盈利幾十萬元，生意漸漸好起來後小張又開了兩家連鎖店，生意就這樣越做越大。十年之後，這座城市的人都知道小張已經是一家連鎖餐廳的大老闆了，他開的餐廳已經遍布城市的每一個角落。後來，小張娶了

個漂亮賢惠又能幹的妻子，生活美滿而溫馨。

當有人問他成功經驗的時候，小張說了一段意味深長的話：「我身體不便，這是個不可改變的事實，我必須接受。當別人同情甚至憐憫我的時候，可以！不過我自己不行！否則就會怨天尤人，成為一個只會抱怨的懦夫，那就沒有今天的我了。」

任何人都可以同情自己，但就是自己不可以！現實生活中，許多人在遭遇不幸的時候，都會產生悲觀厭世的情緒，自憐自嘆、長期被這種情緒所左右的人是很難走出陰影、振作起來的。不是依靠身邊的親人、朋友，就是從此消沉、一蹶不振，認為這就是命運。

要知道，人生怎能盡如人意？上帝在開啟一扇門的時候，必然會關閉一扇窗。但是也有人說，上帝在關閉一扇門的時候，必然會開啟一扇窗。完美是相對，卻並非絕對，面對殘缺如果只是一味地消沉、悲觀，那麼很可能連那扇開著的窗也會關上。所以，假如不得不面對，那就接受，千萬不要用同情的眼光看待自己，而應當更加努力、更加勇敢地鞭策自己，克服心理上的缺陷，不給自己停止前進的理由，然後才有機會走出真正屬於自己的路，建立真正屬於自己的一片天。那個時候你就會發現，原來人生也有殘缺的快樂與幸福。

▍感悟世界，珍視童心

　　有一個老闆經營飛機模型店，有一天一個孩子走進他的店，環視四周之後，眼光忽然停在了一架模型上，那是老闆店裡最昂貴、最精美的飛機模型。看得出他很喜歡，於是從口袋裡拿出好幾顆樣子精美、五顏六色的石頭遞給老闆，想要交換飛機模型，那是男孩收藏了很久的心愛的石頭。要走出門時老闆忽然叫住了他：「孩子，這架模型不用這麼多石子，一顆就夠了！」說著便把剩下的石子還給小男孩。小男孩拿回了石子，臉上洋溢著幸福的笑。目送男孩離開的老闆站在原地，竟然也不知不覺地笑了起來。

　　還有一個故事。在一個停電的夜晚，剛搬來不久的女住戶的門鈴響了，開門的時候，走廊裡的光投射到男孩身上。「有什麼事嗎？」女人問他。「阿姨，您家有蠟燭嗎？」男孩仰著臉看著她。女人心想，剛一搬來就來借蠟燭了，以後還不知道有多少麻煩事呢！於是便對男孩說：「不好意思，阿姨才剛搬過來，沒準備蠟燭呢。」這時候只見小男孩像變魔術一樣，從背後拿出幾根蠟燭，臉上是調皮而得意的笑：「就知道您不會準備，喏，這些蠟燭給您啦。」女人接過蠟燭，良久才緩緩說出「謝謝」，這時男孩已經回家了。

　　很多人都說故事中的老闆太傻了，但是這些人又何嘗知

道，老闆損失的只是一些錢財，但是他收穫的是一顆無價的童心，他像這個孩子一樣，尋得了一種人世間最美好的東西，這是真正屬於心靈的，是任何物質都交換不了的。而那位女鄰居卻以一個成人的世俗眼光去看待孩子，所以她首先想到男孩是來借蠟燭的，當男孩將蠟燭送給她時，或許她感到了慚愧。內心缺乏光明的人，是看不見別人的光明的。

　　孩子們之所以會比成人快樂，最大的一個原因是他們很容易滿足，在他們的眼裡，很少有美醜、好壞之分，是社會「閱歷」讓一個孩子漸漸對周圍的事物產生敵意與戒心。多數人不快樂是源自於對周圍環境的不了解，當一切都被看透，赤裸裸地呈現出原形，世界就再也沒有簡單的美好了，當一個人累積了太多的經驗教訓，懂得了太多的人情世故，那顆原本單純的心就再也單純不了了。因此，真正的快樂源於一顆簡單的童心。

▌越簡單越快樂

　　古希臘偉大的哲學家第歐根尼（Diogenes）曾經一度被人們認為是瘋子。看看他吧，他赤著腳，身子半裸，鬍子拉碴，躺在光溜溜的地面上，看上去真的難免讓人懷疑他是不是個瘋子。一大清早，睜開眼睛的時候，太陽已經升得很高了，第歐根尼搔了搔癢，開始了他每日的例行公事——他用公共噴泉

洗了把臉，又向路人討要了一份麵包，十分滿足地蹲在地上咀嚼起來，順便還捧了幾口泉水，和麵包一起送進肚子。他沒有自己的房子，沒有穩定的工作，他覺得房子有什麼重要？自然的行為有什麼可恥？為什麼還需要遮蔽的工具？唯一重要的是避寒的衣服。因此，他最多只有一條可以禦寒的毛毯，白天可以披在身上，晚上又可以保暖。大家毫不客氣地送他一個稱呼──「狗」，並把他的哲學成為「犬儒哲學」。他生活在一個用泥土築成的儲物桶裡，也完全不管世人對他的評價，不管什麼社會規範，也不管明天會怎樣，他只說，現在的自己比波斯國王還要快活。

而實際上，第歐根尼並不是瘋子，他是一位偉大的哲學家。他創作戲劇、散文、詩歌，用文字來闡述他的學說。他也有一批真正崇拜他的門徒，並向願意傾聽他的人傳道。他拋卻了內在和外在所有的物慾和焦慮，在簡單中快樂地生活。

用第歐根尼自己的話說，就是自然地生活，拋開那些虛偽的世俗，擺脫那些愁人的繁文縟節，不貪戀那些帶有毒癮的奢侈享受，便可過上真正自然的生活。富有的人有大大的房子、華麗的衣裳、成群的馬匹和傭人、鉅額的銀行存款……看似富有，殊不知，終其一生他們都被這些支配著，他們才是真正的奴隸。究竟何為自然、何為簡單，沒有人可以準確地下一個定義，但是可以肯定的是，如果你的世界是簡單的，那你就是快樂的。詩人愛默生（Emerson）曾說：「沒有一件事比偉大更

為簡單；事實上，簡單就是快樂。」每個人都有自己的生存方式，簡單的定義也因此各有差異，但其本質應當是擺脫過剩的物慾，避免遭受日常瑣事的牽絆。其實簡單並不遙遠，它就是一種心靈的寧靜，還有什麼比心靈寧靜的時候更為幸福呢？面對生活，接受生活，坦然處之，以簡單求得內在的安寧。梭羅（Thoreau）說過：「我們的生命不應虛擲於瑣碎之事中，而應該盡量簡單、盡量快樂。」記得，越簡單越快樂。

▍心境是你看見的世界

在西方，據說很久之前有一個國王伯西，一生都十分鐘情於粉色。不僅穿戴的服飾是粉色，就連其他的東西，譬如吃的、用的都清一色是粉色的。以至於最後只要是國王身邊的東西都一定是粉色的。即使這樣國王也依舊不滿足，他還要將世界萬物都變成粉色。於是他命人將全國的原野、花草樹木、動物昆蟲都進行了一次大型的染色「洗禮」。之後，國王還是感到憤怒，因為無論怎樣，天空都還是藍色的。無計可施的國王只好找來自己的老師，請求他給予一些幫助。老師思考了一會兒，然後無奈地回家去了。國王有些失望，看來是沒有辦法了。但是第二天老師來到國王的面前，將一副事先預備好的眼鏡遞給了國王，國王按照老師的指示戴上了眼鏡，抬頭仰望著

天空，瞬間，雲朵、天空居然都成了粉色。驚喜萬分的國王從此再也不願摘下眼鏡了，就這樣，他安靜並快樂地度過了自己的一生，而且百姓再也沒有必要只穿清一色的粉色系服裝，天地萬物又是一片生機盎然、五顏六色的景象。

　　國王的老師雖然並沒有找出使天空變成粉色的方法，但是他找到了可以使天空在國王的眼裡呈現出粉色的辦法。其實，現實生活中有很多像國王這樣的人，總是習慣使用同一種方式觀察這個世界，一旦有不入眼的東西就試圖將其改變，而從來不會從自身出發去思考問題。要知道，世界上的很多事情是無法改變的，即使暫時改變了，有一天一切還是會回到它原本的面貌，就像這則童話裡的國王一樣，因為自己喜歡就試圖改變世界，但是許多事情就像天空一樣是不能改變的。所以，世界不可能為你一個人而存在，當事情無法如你所願的時候，當你煩惱不開心的時候，請試著去改變你的心態吧，你觀察世界的角度、你對待他人的固有態度等，或許稍稍轉換一下，那你所看見的世界便會是另一番模樣了。

要改變世界，先改變自己

　　有一塊菜園被主人整理得很整潔，但是唯一的不足就是菜園的中間有一顆看起來很大的石頭。用眼睛觀測大概有 10 公

分的高度、40公分的寬度，走進園子的人幾乎都會不小心踢到它，然後被擦傷。有一天兒子問爸爸：「那顆石頭那麼討厭，為什麼還不把它移走？」父親說：「那顆石頭從你爺爺那時就一直躺在那裡，它那麼大，沒有人知道要搬走它需要付出多少時間和精力。其實它的存在也可以時刻提醒我們小心，訓練我們的反應能力。」好幾年過去了，這顆石頭又留到了下一代，當年的兒子已經娶了漂亮的妻子，並且當了爸爸。但是妻子總是在經過那顆石頭的時候被絆倒，心裡很是委屈。

某天，媳婦終於忍不住了，很氣憤地對公公說：「爸爸，菜園裡的那塊大石頭真是討厭，哪天你把它搬走吧！」公公說：「還是算了吧，那麼大的石頭，怎麼搬走呢？要是可以的話，哪至於留到現在！」但是公公的話根本沒有把她嚇倒，反而更堅定了她移走石頭的決心。隔天大清早，這個倔強的媳婦就提著一大桶水，扛著一把鋤頭來到了園子裡，經過一夜的思考，她決定就算花上一整天的時間也要將這可惡的石頭挖走。只見她把水澆在石頭的四周，十幾分鐘之後，待土壤鬆了，她便開始挖起來。但是很快她就發現，這顆石頭根本就沒有大家想像的那麼大，這麼多年來，它一直以一個看上去巨大無比的外表矇騙著周圍的人們，但實際上那只是一個表面現象而已。

一顆看上去很大的石頭其實徒有虛名，人們之所以不願意嘗試將它移開，很大一部分是因為人們的心態。假如把這顆石頭比作一個一直糾結在心底的某個結，不自信的人怕麻煩並擔

心付出努力以後依然於事無補，不僅白白浪費了時間和精力，還會備受打擊，只好一直任由心底的結一直存在著，並美其名曰：時刻提醒自己保持警惕。但是樂觀自信的人就勇於嘗試，哪怕付出再大的代價，假如最後依然解決不了，至少嘗試過了，那麼，於己於人就沒有什麼遺憾可言了。就像爬山，如果你始終抱著一種隨時想要放棄的想法向上爬，那就永遠也無法到達山頂。所以，如果你覺得世界沒有歡聲笑語、沉悶而絕望，其實是你的心態造成的。要想改變你的世界，首先就要學會勇於改變自己的心。

▌牽著蝸牛散散步，享受過程

　　曾經有一個看破塵世的年輕人，每天都懶洋洋地窩在家裡，什麼也不做，甚至連吃飯都覺得沒勁。上帝終於看不下去了。有一天，他找來這個年輕人，問：「你怎麼不和自己愛的人結婚？」年輕人說：「有什麼意思，搞不好還會離婚。」上帝接著問：「那你怎麼不去工作？」年輕人回答說：「沒意思，賺了錢還不是要花掉。」上帝又問：「你可以試著結交一些朋友。」年輕人還是一臉無奈：「有什麼用，很多朋友到最後都會反目成仇。」上帝看著年輕人什麼話也不說了，最後遞給他一根繩子。年輕人莫名其妙地問：「這是做什麼？」上帝說：「那你乾脆上吊吧，反正人到最

後都是死，還不如現在就死了省心！」年輕人回答：「但是我還不想死。」上帝笑了，說：「其實人生就是一個過程，何必看重結果，重要的是過程。」年輕人恍然大悟。於是上帝交給年輕人一隻蝸牛，讓他每天在自己喜歡的任意時候牽著它去散散步，算是一個任務吧，年輕人同意了。在接下來的幾天裡，年輕人一直跟在蝸牛的後面。一次經過一座花園的時候，一股濃濃的花香從不遠處飄過來。接著，年輕人又看見了美麗的夕陽、燦爛的晚霞，還有落在電線上唱歌的小鳥。當家家戶戶亮起燈火的時候，年輕人從來沒有這麼強烈地期望過走進那溫馨的燈光裡，享受與愛的人相擁的美好。這個時候，年輕人才明白：上帝不是要我牽著蝸牛散步，而是要蝸牛牽著我去散步啊。

　　人生是一個過程，如果過分在乎結果，就會忽略過程。人們常說要活在當下，當下的意思就是你正在從事的事情、你正在結交的人。那麼，把你關注的重點集中在這些上面，並一心一意地體驗、品味，便是活在當下。活在當下的人很少甚至不會去在意未來如何、結局如何，只是做好當下的事，充分享受眼前每一天的一切，只有這樣才能及時發現生活、享受生活，就不會像故事裡的年輕人一樣覺得什麼都是沒意思的。如果凡事都要想想結果、衡量得失，那就什麼都別做了，既然結果已定，何必浪費時間呢？所以，如果你還活著，那就好好地活，不要虛度人生中的每一天，抓緊時間快樂、抓緊時間散步，好好享受這過程。

第二編
人際交往必備的心理工具箱

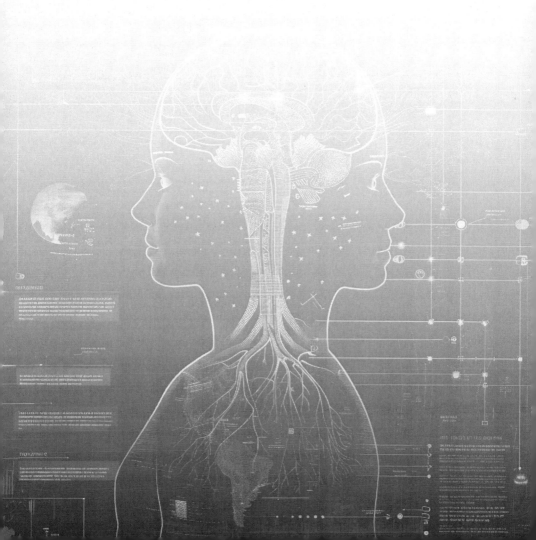

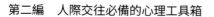

第四章
首次會面必知的心理常識

　　每個人都是社會群體的一員，都需要在群體中與大家交往。或許你很善於結交朋友，但是很多人即使在大街上與你一天遇見過無數次，也未必會相識，更別說成為朋友，而也有一些只有一面之緣的人，最後反而變成好友。看來第一印象很重要。那麼怎樣才能在首次見面時就給人留下好印象呢？如何展示你自己？又如何了解對方的性格？第一印象真的可以決定你們日後的關係嗎？是性格相同的人們容易交朋友，還是性格各異的人們容易成為至交呢？

▌不要忽視了第一印象 —— 初始效應

大將軍馮玉祥擔任「陸軍檢閱使」時，他的原配夫人因病過世，當時很多年輕女孩都託媒人介紹，希望能成為陸軍檢閱使夫人。面對這些女孩們，馮玉祥難以快速做出判斷，於是，在接見她們的時候，他都會問問她們，為什麼想和他結婚。這個看似簡單的問題，卻讓一個又一個姑娘被判出局，因為那些回答馮玉祥都不甚滿意。某天，一個叫李德全的女子來到了馮玉祥的面前，當馮玉祥問「你為什麼要和我結婚呢？」時，沒想到這個李德全說：「因為上帝怕你做壞事，就派我來監督你。」就這樣，李德全留給馮玉祥的第一印象便是爽直大膽，令他刮目相看，於是不久兩人就結為伉儷。

李德全留給馮玉祥的第一印象，在心理學上就叫「初始效應」，是兩個素未謀面的陌生人，在第一次見面時留給對方的印象。人際交往中，第一印象在相當程度上是日後交往的基礎，包括言行舉止、穿衣打扮、親和力等，這些都會在不知不覺中透露出一個人的內在修養，哪怕只是一個小小的簡單的動作，都會在瞬間形成第一印象。現實生活中，也有很多「一見鍾情」的例子，這便是「初始效應」的作用。這就告訴我們：在與人接觸的過程中，千萬不要忽視了第一印象，我們可以把自己美好的一面留給對方，也可以透過第一印象初步評價對方，為日後的交往打下基礎。

▌尋找你身邊的朋友 —— 鄰近效應

　　大學畢業之後，當了四年同學的建豪和曉磊，一個返回老家臺南，一個則留在讀了四年大學的臺北。找到工作以後，曉磊便在公司附近租了一間小房子，開始了自食其力的獨立生活。大學時親近的同學不是回了老家，就是去了別的地方，即使有的還留在臺北，可是大家也都各忙各的，根本就沒有見面聚會的機會。有一次，曉磊加班很晚才回家，這時的他已經精疲力竭；然而更加糟糕的是，走到家門口的曉磊發現自己把鑰匙忘在家裡了。這要怎麼辦呢？房東住的地方距離這邊很遠，一時之間根本拿不到鑰匙。在外面待一夜嗎？可是門終究是要想辦法開鎖的，再說了，第二天早上還要上班⋯⋯就在一籌莫展之際，曉磊看見隔壁的窗戶還亮著光，心想：這位鄰居應該還沒睡吧，找他幫個忙好了。於是便輕輕敲了幾下門，沒想到主人很快就開了門。那一夜，曉磊就在這屋子裡借住了一宿。在之後的日子裡，兩人也逐漸成了好友，曉磊彷彿又找到了另一個「建豪」。

　　心理學上把這種現象稱為「鄰近效應」，即兩個人能否成為朋友，與這兩人的住處的遠近有很大關係。俗話說「遠親不如近鄰」，住得近的人不用花費大量的時間和金錢就能很快熟絡起來，越是走得近、相處得久，在很多事情上就可以獲得越多的照應，相互囑託，有困難時幫忙解決，有快樂可以一起分享。

距離遠雖然不是阻止友情發展的障礙，但距離近卻是幫助友情形成的必不可少的條件。「鄰近效應」還有一種表現是，人們大多會選擇具有相似社會地位、經濟實力的人作為鄰居，因為他們認為，在地理位置上的鄰近會加強彼此之間的相似性。

▌會改變你看法的最近事件 —— 近因效應

　　冠宇對明傑的印象一直都不好，覺得他這個人太冷漠，有時候說話還讓人無法接受，所以冠宇每次見到他都是躲得遠遠的。但是最近，無意間聽到好友在聊明傑的事，出於好奇就靠近聽聽看，聽完，冠宇愣住了，原來明傑有一個不完整的家庭，媽媽在他 6 歲的時候就離開了他和爸爸。由於從小就沒有媽媽的關心，爸爸工作比較忙，很少關心明傑的內心世界，養成了明傑孤僻、冷漠、不合群的性格。從那以後，冠宇每次見到明傑都會向他點頭微笑，剛開始時明傑的冷漠確實讓冠宇很不是滋味，但是時間久了，兩人居然成了關係還不錯的朋友。

　　心理學上的這種現象被稱為「近因效應」，是指一個人因為最近所了解到的東西而改變了對某人一貫的認知。這個小故事中，冠宇由於得知了明傑的家庭背景而改變了對明傑一貫的偏見，印象由壞變好。而在現實生活中也有相反的例子；比如，兩個很不錯的朋友，甲一向給乙很多幫助，他覺得乙這個人老

實踏實，是值得相交的朋友。但是某次，乙做了一件很令甲寒心的事，從此甲就很痛恨乙，再也不會給他什麼幫助了。但是這往往又會加大人際交往中的以偏概全程度。因此，「近因效應」讓我們知道：不能僅僅是根據一個人的一時之事去判斷或評價他，這樣很容易造成心理認知上的偏差，使人際關係緊張化，而是要全面性地、客觀地看待人和客觀事實，若有正面的作用當然是好的，但是負面的作用就要謹慎處理了。

▋消除認知偏見 ── 定型效應

　　小悅是一個道地的臺北人。但是她從小就希望能到南部發展。最近她終於如願以償。雖然只是南部一間小公司裡的小小的職員，但是她還是很開心。新公司裡的女同事，個個都是大方、活潑的南部人，唯獨自己好像是個異類一樣，而且她也感覺自己被差別待遇了，入職兩個月了都還沒有人主動邀請她一起去吃午餐。但是在後來的相處中，透過小悅不斷的主動與努力，同事們漸漸發現小悅其實也蠻好的。有一次，小悅問其中的一個同事：「為什麼一開始的時候，你們都不理我？」「因為大家都說臺北人是天龍人……」小悅聽後開懷大笑，「那你們沒有聽說，天龍人也可以很好相處嗎？」

　　心理學上把這種心理現象叫做「定型效應」。蘇聯的心理學

家就做過一個實驗：實驗人員將若干名大學生分成兩組，並向他們出示同一張照片，希望他們描述這個人在長相上的特徵。但是在出示照片之前，實驗者告訴第一組的大學生，這是一名十惡不赦的搶劫犯；而對第二組說，這是一名偉大的科學家。結果，第一組的學生這樣評價：這個人有突出的、尖尖的下巴，表示他要在搶劫這條路上一直走下去的決心，而深邃並凹陷的雙眼則是他內心仇恨與邪惡的寫照；第二組是這樣評價的：這個人的尖下巴代表的是克服在科學研究路上所遇到的困難的決心，深邃而凹陷的雙眼是因為他有著不同於常人的思想。可見人們對社會上的某一固定形象的認知在評價一個人的時候會產生多麼巨大的影響力。這就啟發了我們：要客觀地、全面地去了解和評價我們周圍的人與事，減少決策與判斷上的偏差。

最好不要以貌取人 ── 反直覺定律

　　羅傑・戴維和菲爾・墨菲同時到羅伯森・沃爾頓的公司應徵同一個職位 ── 業務部經理，但是羅伯森・沃爾頓在這兩個人之間難以取捨；戴維口齒伶俐、外表俊朗，給羅伯森・沃爾頓的第一印象很好；墨菲相比於戴維則顯得沉默了點，外表也不是很出眾。沃爾頓只好讓他們等候通知。不久後，一個衣衫襤褸的老太太走進了戴維上班的店裡，並直接向一雙擺在銷售

櫃裡的鞋子走去，然後請站在旁邊的戴維幫自己試穿一下，但是戴維表現出的神情分明就是在說：我可不想管不了那麼多。而在另一個時間，當這個老太太來到墨菲上班的店裡提出相同的要求時，墨菲不但沒有拒絕，還非常周到地為老太太拿來幾雙不同尺碼的鞋子讓她試穿。後來，公司決定留下墨菲。當那位老太太再次出現的時候，他們才知道，原來這是羅伯森‧沃爾頓設計的試探方式，「老太太」就是羅伯森‧沃爾頓的夫人。

　　人們往往憑著眼睛所看見的樣貌來判斷一個人的身分或特質，這樣就會犯和戴維一樣的錯誤。要知道，每一個個體都是值得被尊重的，墨菲就是因為做到了這一點，最後才會被留下來。這個小故事啟發我們：千萬不要以一個人的外貌作為評價他的主要依據，直覺印象並不都是準確的，要想真正看清楚一個人，必須要透過兩次甚至是多次相處，這便是心理學上的「反直覺定律」。

▎小處識人 —— 細節原理

　　宋朝時有一個官員呂元膺，留守東都時曾與一個管理錢糧的人下棋。這個時候有人來報說有緊急公務需要處理，去處理公務的呂元膺並沒有結束棋局，而是囑咐等他回來後繼續下。後來，等呂元膺回來繼續下棋時，一眼就看出了自己的棋已經

被人動過了，但是他沒有說什麼。不久呂元膺就把這個人調走了，並預言說：此人如果做官，必定是個貪官汙吏，終將受到應有的懲罰，即使不做官也會因貪汙而受到嚴懲，而事實正如呂元膺所料。

這種從小處看人的方法，心理學上稱為「細節原理」。古人有云：「不矜細行，終累大德。」一個人的為人、品行、道德如何，並不一定要等到他犯了多大的過失才能看清楚。有時候，往往一個小小的細節就能反映出一切。這就啟發我們，結交朋友的時候，想看清楚對方是什麼樣的人，就要學會在細微處觀察，透過小細節判斷這個人的德行。

▌相似的人總是最易於接近 —— 相似性原則

心理學家艾姆斯威勒做過這樣的一個實驗：他們在大學校園裡向路過的大學生索要一毛錢打電話，當他們的穿衣風格及言談舉止與被詢問者相似時，超過 2/3 的人會答應他們的要求；但是當他們的穿衣風格及言談舉止與被詢問者大不相同時，只有 1/5 的被徵求者給了研究者一毛錢。

這種現象在心理學上稱為「相似性原則」。這個實驗的結果向我們充分證明：人們往往更容易接受和自己相似的人，包括性格、穿著打扮、言談舉止等。當第一次接觸的感覺良好後，

進一步交往時，如果在對方的身上發現更多的相似點，比如價值觀、思想觀念、興趣愛好等，那麼雙方就有很大的可能性成為好朋友。這就提醒我們：在人際交往中，面對與自己相似的人，巧妙地利用「相似性原則」，可以幫助我們在較短的時間裡與對方建立起真正的友情；而面對與自己差異較大的對象時，也可以「求同存異」，盡量展現出你們的相似點，這樣才能建立起和諧的人際關係。

▌適當地表現你自己 —— 名片效應

　　某位大學生畢業後就開始著手找工作，在每次面試之前，他都會做很多準備工作，包括研究公司的基本狀況以及公司老闆的相關資料。但是一連面試了好幾家都沒有成功，倍感失望的他真的有點洩氣了，眼看同學們都找到了令自己滿意的工作，他更加覺得自己無能。有一次，他面試的是一家合資公司，透過研究相關資料，他發現該企業的老闆曾經有一段艱辛的求職經歷。相比之下，自己的這些根本就不算什麼。在備受鼓舞的同時，他來到這間公司準備面試，並且在面試的過程中，他談及自己的求職經歷以及倍感失落的心情，這讓老闆產生了共鳴，最終，這位大學生成功成為這家公司的新業務員。

　　大學生將自己的經歷說給與自己有類似經歷的老闆聽，這

無疑是向對方出示了一張印有與對方相同理念的心理名片，心理學上稱為「名片效應」。這是蘇聯心理學家納季拉什維利提出的一種能夠在人際交往中快速地縮小雙方心理距離的心理學效應。它告訴我們：恰到好處地運用「名片效應」，不僅能夠及時地展現自己，也可以幫助對方在較短的時間內發現彼此的相似之處，根據相似性原則，這就為進一步交流打下了基礎、為建立起良好的人際關係拉開了序幕。

選好你要交往的對象 —— 鏈狀效應

　　小軍是被爸爸帶大的，最近鄰居們聽說小軍在某天夜裡被警察帶走了。因為他打架鬥毆時打破了一個人的頭，那個人的家人便報了案。根據警察所掌握的線索，小軍在幾個月前曾經和一夥搶劫犯在路邊搶劫了一名婦女。後來，小軍被判了刑。但是沒有人覺得奇怪，以小軍的品行，進派出所、蹲監獄是早晚的事，因為他從小就調皮搗蛋，不好好讀書，還經常打架，而且也沒有人管他。

　　這種現象在心理學上被稱為「鏈狀效應」。俗語說：「近朱者赤，近墨者黑。」在一個人的成長過程中，環境的影響是十分巨大的。一個人在什麼樣的環境下成長、與什麼樣的人相處，就會受到什麼樣的思想和觀念的影響，這就教導我們要慎重擇

友，不僅在個人的言行舉止上，而且在興趣愛好、價值觀傾向等方面都要有良好的積極、正面引導作用，你想要成為什麼樣的人，那你就選擇和什麼樣的人交往吧。

▌他的身上有你沒有的東西 —— 互補效應

高一時，月華轉學到一個新的班級，月華有點不適應要如何面對陌生的環境，本來性格就內向的她更加不敢說話了。剛開始時，月華被老師安排坐在曉寅的前面，生性活潑開朗的曉寅便經常找月華聊天。漸漸地，她覺得在月華的身上有種她這輩子都沒有的東西，那就是爸爸說的文靜。曉寅自己也很喜歡文靜。但是遺憾的是，上天並沒有賦予她這種特質，現在她在月華的身上發現了，便不由自主地想要和她成為朋友，而且月華的英語成績很不錯。而月華在曉寅的身上發現了一種很能夠感染人的力量 —— 開朗幽默，這是月華一直很喜歡的性格，並且曉寅的數學成績很好，她也希望曉寅能夠幫助自己提高數學成績。於是兩人很快成了形影不離的朋友，後來還索性坐在了一起，一直到高中畢業。

心理學上把這種現象稱為「互補效應」。心理學家認為，每個人其實都有「隱性性格」，也就是說，一個外表看上去活潑開朗、愛打愛鬧的人，或許內心深處很嚮往文靜，於是當遇見一

個脾性恬靜的人時，很容易就會被吸引；而一個性格內向的人，內心也有某種渴望突破的力量，當外界出現一個合適的契機可供其超越現在的自己時，便會很快被吸引，尤其當這個人可以彌補性格上、工作上或學業上的某種缺陷時，雙方自然而然就會越走越近。因此，不單單是特徵相似的人會相互吸引、成為好朋友，許多彼此間存在較大差異的人也同樣可以建立起友好親密的關係。這就是「互補效應」在人際交往中的作用。同時，它對於建立和諧的人際關係也有很大的幫助。

第五章
獲得好人緣的心理技巧

你知道你在交友圈中扮演著什麼樣的角色嗎？有時候會不會感覺周圍的人一下子很熱情，而突然又會變得很冷漠呢？是他們不喜歡你了，還是你哪裡做得不對？當人際關係變得緊張時，不妨思考一下原因。如何讓你的朋友喜歡你？是越近越好，還是永遠保持著距離更好？如果你想改進這種關係，那麼還是先看看自己吧。

▋再強大的人也需要依靠 —— 安泰效應

　　小月在一家報社裡當記者，天性活潑好動的她憑藉自己的聰穎和努力很快就得到了主編的賞識，還說年底有望讓她升職。但是，小月有一個缺點，就是很自負。她在做外景採訪的時候，從不需要助手的幫忙，所有的稿子都必須經過自己的仔細檢查才能上繳，錄製好的鏡頭也必須要親自看一遍，覺得沒有問題才過關。因此，所有的同事都覺得小月很瞧不起人，似乎在這個世界上只有她自己做事情才是完全無誤的，大家都開始疏遠她。現在，聽到小月將要升職的消息後，大家都面無表情，有的人臉上還流露出了不屑。年底，主編找來小月，告訴她現在還不能讓她升職，因為她的工作得不到同事們的認可，全公司上上下下同意讓小月升職的人寥寥無幾，一臉茫然的小月這才意識到自己長久以來在公司裡的孤立狀態。

　　心理學上把這種現象稱為「安泰效應」。相傳，安泰是古希臘神話中有名的大力神，以力大聞名。他能夠從大地母親的懷裡汲取力量，無往不利、百戰百勝。但是，只要他離開地面，就會失去所有的力量。某天，一直看不慣安泰的人使用計策讓安泰離開了大地，在空中將他殺死。這告訴我們：人一旦脫離了某些條件就會失去依靠，變得軟弱無力。正所謂：水失魚，尤為水；魚失水，不成魚。人生活在一個大群體中，應該相互依靠、相互扶持，永遠不可能脫離這個群體而存在。

▌相信人人都有一顆感恩的心 —— 互惠效應

　　「二戰」期間，在被德軍包圍的地區有一位被困的昆蟲學家施萬維奇。看著硝煙瀰漫的國家，施萬維奇很痛心，忽然他看見遠處的樹枝上有一隻美麗的花蝴蝶，於是施萬維奇便向牠揮揮手，希望牠盡快離開這個危險的環境。可這是一隻受了傷的蝴蝶，怎麼飛得起來呢？於是施萬維奇將蝴蝶小心翼翼地抓起來，放在手心裡，並帶回軍營為牠治療，幾天以後蝴蝶康復，施萬維奇不捨地將牠放歸了大自然。

　　然而，令施萬維奇意外的是，第二天清早，他看見軍營上下停滿了花花綠綠的美麗蝴蝶，激動萬分的施萬維奇突發奇想：如果用這些蝴蝶做掩護，或許就可以逃過此劫。但是蝴蝶畢竟有限，於是他就將軍事基地用紅、綠、黃三種顏色整個偽裝起來，這樣在空中飛行的德軍看見的便是一大片有花有草有蝴蝶的綠色海洋，根本想不到那會是一個軍事基地。就這樣，這個軍事基地被順利保留了下來。施萬維奇想：這些蝴蝶的到來其實是為了報恩。而在軍事活動中被廣泛採用的迷彩服也由此誕生了。

　　這種現象在心理學上被稱為「互惠效應」，這也是人際關係中很微妙的一種東西，當你給予別人關愛，對方的心裡就會產生「虧欠感」，便也會想辦法回應你，當你接收到來自對方的回

應時，會毫不猶豫地開始行動，生活中那些良好的人際關係不就是這樣建立起來的嗎？「羊有跪乳之恩，鴉有反哺之義」，何況是人類呢？愛默生說：「人生最美麗的補償之一，就是人們真誠地幫助別人之後，同時也幫助了自己。」

「互惠效應」給我們的啟示是，你怎麼對待別人，別人就會怎麼對待你，用友善的種子孕育友善，用付出的土壤栽培收穫。

想要釣到魚，首先要選好魚餌 —— 投其所好原則

卡內基是個釣魚愛好者，每年的夏天他都會去緬因州釣魚。釣魚的時候他最常用的魚餌是乳酪和草料，並且他個人也很喜歡。但是，他也知道，當他去釣小魚的時候，牠們還是更加喜歡小蟲子。於是每次去釣小魚，他都會帶上一些小蟲子，儘管別人都用的是乳酪和草料。有一次，滿載而歸的卡內基遇見了同樣扛著釣魚竿的人，看看卡內基滿滿一籃的小魚，再看看自己空空的魚簍，那人就問：「你是在哪裡釣到這麼多小魚的？」「不是在哪裡釣魚的問題，問題是你要知道小魚最喜歡什麼，你用牠不喜歡的東西來引誘牠，又怎麼會使牠上鉤呢？」卡內基看著釣魚者釣竿上拴著的草料微笑著說。

這種現象在心理學上被稱為「投其所好原則」。生活中，為

什麼有很多人感慨「狗咬呂洞賓，不識好人心」呢？為什麼有些人只是做一些舉手之勞就可以讓別人感激涕零呢？這是因為後者明白對方最需要的是什麼，自己該提供的幫助是什麼，而前者則是以自己為出發點，用自己的眼光來看待問題，當然不會知道別人最需要的是什麼。這使我們知道：處理人際關係的關鍵，就是要清楚對方最需要的是什麼，這樣才能讓對方產生「知己」之感，進而也就拉近了彼此的關係。

█ 學會做最忠實的聽眾 —— 沉默定律

　　古時候有個小國的使者來到另一個大國，使者向大國的皇帝進貢了三個一模一樣的金人並提出了一個問題：這三個金人裡誰最厚道並最值得交為朋友？皇帝在高興之餘不禁皺起了眉頭，心想：這不是故意刁難人嗎？一模一樣的金人，怎麼判斷啊？但是他還是想了很多辦法，甚至連珠寶匠都找來了，測了重量、檢查了做工，但是最終還是不能解決。這時，一個退了位的老臣上奏說有辦法，於是皇帝將大臣請上大殿，只見大臣胸有成竹地將三根稻草分別插進了三個金人的耳朵裡。插進第一個金人耳朵裡的稻草從另一邊的耳朵裡出來了，插進第二個金人耳朵裡的稻草直接從嘴巴裡出來了，而插進第三個金人耳朵裡的稻草則什麼反應都沒有 —— 那是因為他把從耳朵裡進去

的稻草裝進肚子裡了。大臣微笑著對使者說：「看見了吧，第三個金人才是最厚道的人，值得交為朋友。」

之所以說第三個金人最忠厚，是因為它懂得沉默。心理學家認為，在人際交往中最有價值的人，是那些能夠真正把對方所說的話放進肚子裡的人，而並非侃侃而談、能說會道，甚至是根本就不把對方的話放在心上的人。美國加州大學心理學家古德曼首次提出了這一定律，被稱為「沉默定律」，該定律告訴我們，在人與人的交往中，要善於傾聽，適當地保持沉默，喋喋不休並不是溝通的有效途徑。

▌ 懂得與適當的人保持適當的距離 ── 刺蝟效應

小胡和小王是很要好的朋友，從大學到出社會後一直是無話不談的好兄弟。大學畢業以後，兩人在不同的地方工作，但是最近小胡換了份工作，很巧的是他工作的地方離小王的住處很近，於是兩人商量之後，小胡決定搬到離小王很近的一個社區裡。小王和女友菲菲住在一起，於是吃飯、逛街都會叫上小胡一起，這樣下去，菲菲和這個被男友經常提起的老朋友也就熟絡了起來。有一次小胡很早下班，想去看看小王他們，順便也帶了點菲菲喜歡吃的水果，但湊巧的是小王那天要加班。活

潑開朗的菲菲便說：「剛好你就陪我吃飯吧！」飯是菲菲自己做的，兩人吃完飯後就趴在電腦前玩遊戲。轉眼就到了 11 點，小王開門進來的時候看見自己的女友靠在小胡的背上玩遊戲，當下沒說什麼。小胡走後，小王就和菲菲大吵了一架。自那以後，小王便漸漸和小胡疏遠了。

這種心理現象在心理學上稱為「刺蝟效應」。兩隻疲憊不堪的刺蝟，在夜裡颳起大風的時候，由於寒冷而決定相互擁抱在一起入睡。但是不管牠們怎麼睡，就是睡不著。後來，牠們拉開了適當的距離，這時候儘管外面冷風刺骨，但它們卻很快就舒服地睡著了。

「刺蝟效應」告訴我們，人與人之間的距離要視雙方的關係及所處的情境而定，也就是說，你和對方是什麼關係，就要與之保持什麼樣的距離，只有保持適度的距離才能彼此和諧相處。故事中的小胡和菲菲就是因為沒有處理好彼此間的距離，才會讓小王誤會。

▍一言即出，勿傷他人 —— 瀑布效應

大家吃完飯後坐在一起聊天，東一句西一句的，不知是誰先說了一句：「大家知道嗎？老張家的女兒昨天把一個男孩子帶回家，高高大大的，我看老張都樂得合不攏嘴了！」其他人立即

來了興致，因為老張的女兒一向拘謹、以學業為重，沒想到剛畢業不久就把男友帶回來了，這可算得上是一件大新聞了。「真的呀，長什麼樣？」「哪裡人？」「交往多久了？」大家七嘴八舌地議論起來，沒想到老張的老伴就站在後面，她一向不喜歡別人討論她的家事，況且這女婿她可不中意。只見她板著臉走上前去，大家看見她立即不出聲了。「說啊，接著講啊，想知道什麼就直接問我好了！」大家見張姨一臉怒氣，知道是犯了她的忌諱，便沒有人再敢吭聲了。

這種心理現象在心理學上被稱為「瀑布效應」。消息發送者在說話時可能是無心的，但發出的消息被對方接收後卻引起了心理上的不平衡，進而導致對方態度或行為的變化。這種心理現象，正如大自然中的瀑布，上面是平平靜靜流動的水，由上落下卻激起了千層浪花。這便是「說者無心，聽者有意」。

「瀑布效應」告訴我們：在人與人的交往中，要懂得在什麼場合說什麼話，並不是所有的話題都可以拿來公開討論的，更不要隨便去犯他人的禁忌，以免「出口傷人」，引起不必要的誤會。

▌「軟」往往比「硬」更有力量 —— 南風效應

慧慧是一個性格有點冷漠的人，在與人交往的過程中往往冷言相對，別人好心跟她打招呼，她也總是一副冷冷的樣子。

時間久了，很多人也就不願再接近她了。但是鄰居小藝知道，其實慧慧的心地還是很善良的。某個深夜小藝肚子痛，就是慧慧連夜把她送去醫院的。有一天，慧慧在社區門口遇見了小藝，小藝邀請慧慧去家裡坐坐，說自己想找個說話的人，沒想到慧慧當時就是一句：「沒看到我剛回來嗎？」然後冷冷地走了。走幾步之後，慧慧聽見小藝在她背後喊：「慧姐，那我等你休息好了，隨時來我家！」慧慧的嘴角微微彎了彎，心想：這小女生還挺會說話的。不久，慧慧就真的去了小藝家，那晚她們聊到深夜。第二天，慧慧面帶微笑去上班，然後她發現，自己用微笑也換來了同事們的微笑。

現在的慧慧已經不同於以前了，身邊有了好幾個包括小藝在內的親暱好友。原來，那天小藝的一聲「慧姐」將慧慧逗樂了，聊天的時候，她又發現這個小女生並不會因自己的冷言冷語而針鋒相對，反而認定她就是個「外表冰冷，內心火熱」的冰山美人。於是她們越聊越投機，慧慧不僅採納了小藝的建議，還表示要改變自己。

這種現象在心理學上被稱為「南風效應」。有這樣一個故事，北風和南風打賭，看誰能讓路人乖乖地脫掉大衣。北風強勁，越吹越猛，路人不僅沒有脫掉大衣，反而裹得更緊了；而南風溫和柔潤，吹在人的臉上暖暖的，行人漸漸將大衣脫了。南風之所以能贏，就是因為順應了人們內心的需求，使其自覺而為之。正所謂「良言一句三冬暖，惡語傷人六月寒。」這個故事給

我們的啟示就是以真情感動對方，以真誠溫暖人心，這些比針鋒相對更加具有「殺傷力」，這也是獲得他人認可的有效途徑。

▊ 勿以己心度他人之腹 —— 投射效應

有一家雜誌社曾經針對編輯們展開了一次主題討論活動：每個策劃組都要盡量策劃出自己認為最具影響力和吸引力的主題，以此來提高雜誌社的讀者關注度。結果，不同的編輯給出了不同的主題：一個初為人父的編輯認為，嬰兒從一出生就離不開父親母親的呵護，但是很多年輕人根本就不知道究竟該怎樣照顧嬰兒，於是他選定的主題是「呵護從天而降的天使」；一位正處於人際關係緊張期的編輯則認為，為人處世最重要的是要得到朋友的認可，處理好人際關係才能在任何需要幫助的時候獲得救援，於是他擬的主題是「人際關係手冊」；而一個愛好籃球的編輯則認為，隨著生活節奏的加快，人們更需要一種釋放壓力的途徑，於是他提出的主題是「讓運動為我們的生活減壓」。

心理學上把這種現象稱為「投射效應」，即一種以己度人的心理現象。現實生活中，往往有很多人總是會習慣性地將自己的喜好、特性等投射到他人的身上，並且認為對方也具有這樣的特性，但是這樣往往會出現很大的偏差。比如你以為對方喜

歡聽一些恭維的話，於是「投其所好」地阿諛逢迎了一番，結果人家不但不領情，反而認為你是個圓滑的傢伙。這便給了我們一個啟示：當你需要使用「投射效應」來說服對方為自己做事的時候，一定要注意衝破該效應的束縛，不要以自己的喜好去衡量他人，正確投射的作用是巨大的，只有在充分並準確地掌握了對方的喜好時，才能收到正面的效果。

讓對方將你看成「自己人」的方法 —— 自己人效應

　　某位國中班導，在一開學時就聽說班裡出現了班對。但是他並沒有像其他老師一樣，把那些戀愛的學生叫到辦公室，狠狠教訓一頓，而是在一週後的班會上展開了一場討論會 —— 如果喜歡他／她，該怎麼辦？結果，學生們都積極發言，並各自發表了自己的看法。後來，老師就總結說：「其實啊，喜歡並不一定要讓對方知道，那是一種很美好的感覺。記得老師當年像你們一樣大的時候，也喜歡過班裡的一個女生，上課的時候也惦記著她，成績下降後，我便決定好好讀書，等將來有成就了再向她表白。」同學們一聽老師也有這樣的經歷，覺得老師其實也像自己一樣。學生們自然很容易就接受老師所提的建議了。

　　心理學上將這種現象稱為「自己人效應」。故事中的教師正

是運用自己的一個例子來使學生們產生「自己人效應」。在日常生活中，如果對方將你看作與自己有相同志趣或經歷的人，就會在心底漸漸接納你，不知不覺對你敞開心扉，並接受你的意見。因此，聰明的人會在與人打交道時將「自己人效應」發揮得淋漓盡致，這不僅是空間距離的拉近，更是心理上親近感、信賴感等的產生。

▌不要吝嗇你的微笑 —— 微笑定律

從前，有個人名叫威廉・史坦哈，他與太太結婚已經 18 年了，本身性格就很沉悶的威廉覺得日子越來越無聊了。後來有一天清晨，他史無前例地對自己的妻子露出了一個微笑，並且向她問好：「親愛的，早安！」當時他的太太愣住了。威廉看著自己的太太，微笑著說：「不必驚訝，親愛的，我的微笑將會成為今後最尋常的事。」從那以後，他就發現家裡的氣氛開始變得不一樣了，妻子總是很樂意為他做事，並且常常面帶笑容，而威廉自己也覺得生活換了一種狀態。再後來，他不僅對家人微笑，而且還對遇見的每一個人微笑，哪怕是在電梯裡遇見的管理員。他送出去的每一份微笑都會得到回應，並且換得了一整天的好心情。漸漸地，威廉的生活就開始改變了，因為當他微笑時，整個世界也會笑起來。

　　這在心理學上稱為「微笑定律」，是由美國作家 F.H. 曼狄諾首次提出的。後來被人們廣泛應用於企業管理以及人際交往中。美國著名企業家丹尼爾就曾經把一張笑臉作為本企業的標誌，不論是廠徽，還是信封、信箋，都會出現一張笑臉。他就是憑藉這一個標誌有效影響了自己的員工，將快樂的情緒傳遞給他們，大大提高了公司的生產效率。這個定律教給我們一個道理：在人際交往中，千萬不要吝嗇你的微笑，它不僅可以使對方心情愉快，還可以卸下自己的沉重負擔，進而創造出和諧、美好的人際交往關係。

▌細節的藝術 ── 留白效應

　　阿梅和秀秀是很要好的朋友，大學時就經常一起念書、吃飯。畢業以後，兩人進了同一間小公司。秀秀心直口快，為人也大大咧咧，而阿梅就很不一樣，常常在午間吃飯或者是休息時有意和主管接觸。一段時間以後，阿梅升了職、加了薪，而秀秀還是留在原職位。某天，秀秀因為在工作上犯了錯被老闆叫到了辦公室，談話中秀秀的態度令老闆不甚滿意，老闆便說了一句：「怪不得阿梅說你粗心、固執！」秀秀嚇到了，想想阿梅從進公司之後就對自己漸漸疏遠，以及經常和主管聊天的一系列舉動，秀秀心痛不已。但是，這時候的她異常冷靜，什麼

也沒說就走了。後來在一次同學聚會上，兩人再次遇見了，當有人說「你們不是一起工作嗎？」時，阿梅瞬間紅了臉，秀秀卻不慌不忙地說：「是啊，但是那份工作阿梅做得比較好，我做不來，後來就換了。」聚會結束後，阿梅找秀秀說話，滿心愧疚的她一直說著「對不起」，秀秀一手搭在阿梅的肩上，說：「那份工作是真的不適合我，要不是你我可能還在原地踏步呢！」

心理學上把這種現象稱作「留白效應」。「留白」本來是山水畫中的一種繪畫技巧，也就是在整幅畫中留下適當的空白，使觀畫之人有豐富的想像空間。實際上，在人際交往中，如果懂得給對方留下一些餘地和情面，好使對方有反思和醒悟的機會，比直接的針鋒相對、面對反擊要有效得多。這就告訴我們，人際交往是一門藝術，而在細節上給他人留一點餘地則是藝術中的藝術，這不但可以使自己獲得釋然，也會讓他人更加了解並信賴你。

▌適當地展露你的錯誤 ── 犯錯效應

心理學家阿倫森做過這樣一個實驗：在一場競爭激烈的演講會上有四位演講者，其中兩位是具有相當演講水準並且才華出眾的人，而另外兩位則是才華平庸的演講者。在演講的過程中，一位才華出眾的演講者不小心將桌上的水杯打倒在地，而另一位才

華出眾的人則完美無缺；才能平庸的選手之一也一樣打翻了桌子上的水杯。而實驗的結果表明：那位才華出眾並在演講時打倒了水杯的演講者被觀眾評為最具吸引力選手，而才華出眾未犯任何錯誤的選手則位居第二，才華平庸而犯錯的演講者位居最後。

　　心理學上將這種心理現象稱為「犯錯效應」。人們往往願意結識一些比較優秀的人，但是太過優秀的人又會給人一種不真實的感覺，過於完美無缺反而造成了心理上的距離，讓人不敢接近，只會敬而遠之。但是，一旦人們發現這麼完美的人也會犯錯，就會消除心理上的壓力，讓人立即覺得，原來他也是凡人，也會犯凡人一樣的錯誤。這告訴我們，在人際關係中，偶爾犯錯是不可避免的，沒有人是天生的完美者，如果你相信自己在交友圈中已經足夠優秀，那麼在交往中就允許自己偶爾犯犯小錯誤吧，這不僅會拉近你們的距離，還會為自己贏得更多的喜愛。

正視利益互補
—— 讓自己成為對他人有用的人

　　強森去年畢業於一所知名的藝術大學，外表英俊，也有歌唱的天賦，已經曾在多家電視臺嶄露頭角。但是畢竟是事業剛剛起步的時候，強森需要更加有力的宣傳來提高自己的知名

度。後來一次偶然的機會，強森結識了婉月。了解之後，強森得知婉月曾經在新加坡的一家公關公司上班，在兩年前回國並於三個月前創辦了一家公關公司，但因為種種客觀因素，婉月至今都沒有找到一個穩定的合作對象。於是兩人一拍即合，強森成了婉月公司的長期合作藝人。強森透過婉月的公司迅速提高了自己的人氣，不僅給公司帶來了極大的效益，還幫助該公司漸漸出了名。兩人可謂各取所需。

正是各自的需求促使兩人走到一起。更多的時候，人們接近他人其實都會帶點功利色彩，即使是友情，也是需要互相澆灌的。如果付出的一方長期得不到回應，那麼再無私的人也會有放棄的時候。在人與人的交往中，無形之中就會透露著某種「付出與回報」的法則，不是物質便是精神層面上的，或者兩者都有，並且這種回報必定是對自己有利的。我們不排除真正純付出的存在；但是在紛繁複雜的人際關係中，要想贏得別人的關注與付出，首先就要使自己成為一個對他人有用的人，盡可能多多為他人帶來更多的利益。

不是所有的謊言都適合被揭穿

某天，小林在電梯口遇見了王經理，上週王經理交給他一個企劃案的設計初稿，原定是這週該完成的，於是王經理看見

小林第一件事當然就想到了那份初稿。「太好了，還想給你打電話呢，怎麼樣，企劃案的稿子帶來了沒？」「哎呀，看我這記性！稿子落在家裡的客廳了。」然後，他又用手拍著王經理的肩膀說：「明天上午一定帶來！」沒想到王經理說：「沒關係，今晚下班反正順路，你就搭我的便車，我送你回去，然後順便拿稿子，剛好晚上可以看。」結果到下班的時候，王經理真的找到了小林，並強硬地將小林拽上了自己的車。路上，小林一直說自己家的巷子不方便停車，但王經理似乎鐵了心，「不是說就在客廳的桌子上嗎，沒關係，你上去拿，我等你！」當車已經到了小林的家門口時，小林再次表明還是明天吧，自己今晚再修改修改以保證品質。但是王經理說：「這不是都到了嗎？你去拿吧，我在這裡等你！」此時，鬱悶至極的小林再也忍不住了：「就說明天了，還在這軟磨硬泡幹什麼？告訴你實話好了，稿子我沒寫完！」說完甩頭就走了。第二天，當小林將企劃案遞交給王經理的同時，還有一封辭職信。

　　生活中，人們難免會遇到類似的情況，當你明明知道是謊言時，有必要考慮清楚是不是值得揭穿，如果你一直抓著別人的把柄不放，很可能不僅讓人家覺得你一點都不識相，還會造成人際關係的緊張。這提醒了我們：在與人交往的時候，不要過於尋根究底，也不要把人逼到沒有退路的牆角。善意的謊言是可以原諒的，適當地用自己的寬容包容他人沒有惡意的謊言，也是贏得信任的一種技巧。

▌平等地對待身邊的每一個人

　　從前有一戶人家，一場大雨之後，院裡的牆角倒塌了一塊。鄰居看見了就對主人說：「趕緊修補一下吧，晚上別讓小偷進來偷東西。」主人覺得沒什麼大不了，就沒有放在心上。晚上吃飯時，兒子也說：「爸，院子的牆塌了一塊，為了防止小偷進來偷東西，還是補一下吧。」主人覺得有道理，但是天色已晚，想想應該不會那麼倒楣吧，於是就沒有再理會。但是第二天早上，他發現家裡果然遭了小偷。這時候他想起兒子昨天提醒過自己，覺得兒子真的很聰明，又想起鄰居說的話，於是就開始懷疑起鄰居來，因為鄰居看見牆倒了。於是，他就跑去質問鄰居並大吵了一架。從此之後，雙方見面再也沒有說過話。

　　故事裡的主人因為提出建議的人一個是兒子，一個是鄰居，便有了厚此薄彼的心理。雖然這種情況在生活中不可避免，但是如果過於明顯，尤其是對自己的親人，就會造成不必要的麻煩。生活中，每個人都會有需要同時與眾多朋友、同學維繫關係的情況，假如像故事中的主人公那樣，時間一長，大家心裡都會明白，漸漸就會疏遠你，到最後你可能連一個朋友都沒有了。因此，這告訴我們：日常生活中，要謹慎處理好與每一個人的關係，平等地對待身邊的每一個人，這樣才能得到更多人的歡迎。

第六章
了解他人的心理工具

　　假如原本說得好好的，對方卻突然變得不耐煩
起來，身體微微向後傾，眼睛不時看向別的地方，
原本放在椅子下的腳也伸出來，並且腳尖指著門的
方向。那麼，奉勸你一句，這時還是別說話了，
因為這種姿勢很明顯是希望你早點離開的暗示。
這是如何知道的呢？這就是身體語言的祕密。實際
上，人與人在交往的過程中，可以透過很多線索來
判斷對方心裡在想什麼，比如身體語言，包括面部
表情、肢體動作等，穿著以及平時的興趣愛好等。
了解一個人的內心，可以幫助你結交更多志趣相投
的朋友，也可以幫助你辨識哪些是真話、哪些是假
話，這是促進人際交往的一大技巧。

▌身體語言定律

　　曾經擔任美國聯邦調查局職員的喬‧納瓦羅（Joe Navar-ro），其實也是一個玩牌高手，他在牌桌上總是能很輕鬆地看出某個人的心思。有一次，他看見坐在自己對面的傑克在接到一張牌時，臉上忽然閃過一絲得意，然後又恢復了平靜，這是旁人很難發現的瞬間表情，但是這並沒有逃過喬‧納瓦羅的眼睛。此外，他還發現傑克放在桌子下面的腳尖向上高高地翹了起來，伴著很有節奏的節拍。於是，在接下來的牌局中，喬‧納瓦羅對傑克便提高了警惕。等到局勢已開始對傑克不利的時候，喬‧納瓦羅又看見傑克抽回了原本放在牌桌上的手並放在大腿上。後來，喬‧納瓦羅根據自己曾經的工作經驗以及在牌桌上觀察人的技巧，編寫了《FBI 教你牌桌讀心術》一書。

　　喬‧納瓦羅之所以能夠看穿對方的心思，就是根據一個人的肢體語言來判斷的，心理學上把這種現象叫做「身體語言定律」，即透過觀察對方的身體語言來解讀其心理活動。故事中的傑克特意將得意的表情隱藏起來，其實是想讓別人對自己放鬆警惕，但是他的腳已經出賣了他，那高高翹起的腳尖分明就是在唱著快樂的頌歌；而在牌局不利的時候，忽然收回的雙手就是他內心緊張、擔憂的表現。

　　這就讓我們學會，在與人交往的時候，即使對方沒有說

話，你也可以透過觀察他的肢體語言來讀懂他的心理世界。身體語言是一種非語言性的身體訊號，是面部表情、肢體動作、外貌以及軀體間的距離傳達出來的資訊。在人際交往中，注意觀察對方身體語言的人，總是會獲得更多的有效資訊。

● 小講堂

　　與口頭語言相比，人類的身體語言往往是在無意識的狀態下發出的，是一個人內心最真實情緒的表現。大多數的人善於在言語上偽裝，卻無法很好地偽裝身體語言。如果你和一個人說話，對方頭也不抬，你就很難再接著說出原本想說的話了；相反，對方抬起頭，放下手邊的工作，目光注視著你，你會產生被重視的感覺，同時對方也會給你留下很好的印象。談話時不經意間的一個哈欠可能就會讓人頓感失望。

▌真笑還是假笑

　　吃完晚飯，大家在一起聊天，老王說女兒這次學測考得不錯，他非常高興，改天請大家喝杯酒。說話的時候，老王臉上滿是喜悅的幸福笑容，本來就有的皺紋一道道擠在一起，中間襯托著兩條瞇成線的眼睛，看上去還挺滑稽的。但是大家知道，老王是真的很開心，於是也不由得附和起來。一旁的老李

心想著自己的女兒平時的成績還比他的女兒好呢，偏偏這次沒考好，這下真是叫人看笑話了。此時，有人問：「老李，你家的女兒呢？考得怎麼樣？」只見老李的表情在瞬間有點僵硬，但還是很快反應過來了，跟著大夥笑起來，「唉，你們看我這記性，居然都忘記問她了，回家我問問看！」說完，還下意識地用手摸了下鼻子。細心的人很容易就會在老李的臉上發現那一閃即逝的失落感。其實在場的大家都明白，老李那麼關心自己的女兒，怎麼會忘記問呢？只是因為女兒落榜了，老李不好意思說出口罷了。

行為心理學研究顯示，人的思想和行為在正常情況下是統一的。真正興奮快樂的表情是發自內心的，因此不需要做任何的掩飾，看起來就顯得很自然。故事中的老王那擠在一起的皺紋和瞇成一條線的眼睛就是最明顯的特徵，並且人在真笑時，眼角還會出現「魚尾紋」；相反，老李雖然也同樣是笑，但是說話時臉上一閃而過的失落感，已經向他人洩漏了他的祕密 —— 他說的話並非是真的。這就告訴我們，注意觀察對方在說話時的面部表情，可以幫助我們了解他所說的話有多高的可信度，從而掌握他人的心理。

小講堂

人在真笑時，眼角往往有所謂的「魚尾紋」，因為是發自內心的笑，所以在表情上也會流露出喜悅的神色，嘴角朝眼睛的

方向上揚，整個面部表情看起來比較自然；而人在假笑時，往往在眼睛裡看不出任何感情。

▌從面部表情看對方的內在情緒

　　小范陪女朋友逛街的時候在路上遇見了曾有過節的阿萬，真是符合「狹路相逢」那句話。漸漸走近的阿萬沒等小范開口就先說話了：「兄弟！很高興在這裡見到你啊！」說完還笑了幾聲，旁人一聽就知道是從鼻腔中發出來的。小范早在心裡默默發了火，但是在女朋友的面前得適當保持點氣度，於是就下意識地將左邊的嘴角向上翹起，表示對阿萬笑笑。一旁的女友看情勢有點不對，就說：「我們不是要去前面的花店買花嗎？再不去就來不及了。」於是向阿萬歉意一笑，拉著男友就離開了。細心的女友事後忍不住問小范：「你是不是和剛才那個人有什麼過節呀？」

　　心理學認為，人在說話時的面部表情其實是內在情緒的外顯。人在假笑的時候，臉上的肌肉會顯得比較僵硬，因此不僅看上去整個臉部表情不自然，同時左右兩邊也不對稱，這是一種病態的假象；而在表示輕蔑、不屑的時候，嘴角會向一邊翹起，展現在臉部的一側。故事中的阿萬在笑的時候，臉上的僵硬和不協調的表情被小范的女友看在眼裡；而男友的笑明顯就

是輕蔑。這便告訴我們，在人際交往中，要注意觀察一個人的面部表情，以此來判斷對方的心理情緒，進而協調好彼此的關係，避免不必要的矛盾發生。

面部表情包括眉毛、眼睛、鼻子、嘴巴在內所做的一系列動作，是極其複雜的肢體語言。輕蔑時連說話聲可能都是從鼻孔裡發出來的，一般嘴角會向一側上揚、雙唇緊閉；厭惡與討厭時，上嘴唇會向上揚起，直至鼻翼周圍的肌肉會緊縮在一起，印堂間有皺紋，整個面部表情集中在面部中央；憤怒時雙唇緊閉、嘴角下拉、眉頭向下緊鎖，眼神犀利；而在悲傷時嘴角會微微向下延伸，眉頭和上眼皮低垂、眼睛無神。

▌慧眼識人 —— 眼睛透視內心

相傳李鴻章曾經向曾國藩推薦三個人才，但是那天曾國藩剛好不在，李鴻章就讓他們在大廳裡等候。待曾國藩回來的時候，李鴻章就表明了來意，並說：「您可以出些題來考他們。」

但是，曾國藩並沒有去考任何人，而是站在大廳的門口觀察起這三個人來。只見其中一個人在不停地觀察著屋內的裝飾擺設，眼光在每一個角落都會稍稍停留一會兒，似乎是在思考著什麼；另外一個人則低著頭規規矩矩地站在那裡；還有一個並不是十分顯眼的人，只見他雙手背在身後，仰視著上空，一

股氣宇軒昂的神態流露無遺。觀察了一會兒後，曾國藩又故意走近他們。當曾國藩看著他們的時候，那個觀察擺設的人並不敢看曾國藩，等到曾國藩走過去之後才會看看他；那個一直低頭規規矩矩站著的人始終都不敢抬頭；而仰頭看天的年輕人不管曾國藩是否看他，他都是一副泰然自若的樣子。

後來，曾國藩把那個觀察屋內擺設的人派去擔任了一個有名無權的虛職，一直低頭的人則被安排在馬棚裡管理糧草，而唯一委以重任的是那個仰視天空的人。當李鴻章不解地詢問的時候，曾國藩才說：「是他們的眼睛將各自的品性都告訴了我。」那個被委以重任的人就是後來屢建功勳的劉銘傳。

心理學家認為，一個人的眼睛往往折射的是他的內心，眼睛可以告訴你，他現在在想些什麼。當兩個人的目光發生接觸的時候，不敢正視對方，不是因為心裡有鬼，就是因為心中不夠自信；如果眼神接觸了之後又迅速移開，則表明此人在心理上不占上風，或許有某種情緒在心裡糾纏；目光堅定、眼神澄明之人，必是心胸坦蕩、光明磊落者。曾國藩在選人時就是觀察了他們的眼睛而作出了正確的判斷。因此，這就教會我們，在人際交往中有必要仔細觀察一個人的眼睛，透過眼睛這扇窗戶來透視其內心、了解其品性。

性格內向的人在與人有視線交流時，會很快將視線移開；被注視者如果不敢直視對方，大多是因為自卑感。一個人的眼

睛，是其內心世界的顯現。眼神浮動不定的人，為人也會比較輕薄；眼神隱晦、狡黠的人，心胸狹窄、虛偽；目光執著堅定的人，有遠大的志向，心胸坦蕩，為人也正直；目光凶暴的人，一般有明顯的貪婪傾向。

▌隱藏在眼睛裡的喜怒哀樂

　　這天是娜娜的生日，像往年一樣，她邀請了很多朋友和公司裡的同事到家裡聚會。她說了，人來就好，不需要帶什麼禮物，太俗氣。但是了解娜娜的好友們都知道，娜娜是那種口是心非的傢伙。

　　晚上 8 點，門口已經聚集了很多人，大家都結伴來赴娜娜的約了。開門時，大家送上了一盒三層的大蛋糕，娜娜似乎不敢相信，睜大了她那雙漂亮的眼睛，濃濃的眉毛也跟著挑了起來，似乎在說：「這個蛋糕真的好大，我好喜歡呢！」還有很多人也都各自準備了一些小禮物。大家陸陸續續都已經來了，半個小時以後，馬上就要吃飯了，但是娜娜似乎不是很高興，她看了許多次牆上的鐘，看完後總是眉眼低垂或者乾脆瞇起眼睛，這與她剛才的那幅興奮樣實在是鮮明的對比。過一會兒，門鈴再次響起，娜娜就馬上起身朝門口奔去。開門後娜娜剛想說什麼，便看見一個用紫色膠帶包裝好的方盒子，外面還有一

層藍色的光暈，她的目光全被它吸引去了，那雙本來就很大的眼睛現在睜得更大了。凝視了幾秒後，她彷彿想要看得更加清楚似的，連續眨了好多次眼，那眼睛亮亮的。忽然，令在場的人想不到的一幕發生了：只見娜娜一下子撲進那人的懷裡，「親愛的，還是你最了解我」。原來，那人就是娜娜一直在等的男友，他給娜娜的禮物便是娜娜從去年起就一直想買的新款手機。

從眼睛裡不僅可以看出一個人的脾性，還可以看出他的內在情緒。當眼前出現了令自己興奮的事物時，那種快樂的情緒是很難被完全掩藏起來的，就算面部表情沒有變化，眼睛也會發出亮亮的光芒；突然變大的瞳孔，表示的無疑就是關注與喜歡。相反，如果是情緒發生變化，對某件事、某樣東西感到不滿，甚至厭惡時，眼睛就會在瞬間變小，縮小的瞳孔是想阻止不受歡迎的事物進入自己的視線。

娜娜在接到生日禮物時是很快樂的，放大的瞳孔和上挑的眉毛就是很好的證明，但是在等待男友的時候，內心情緒開始轉變，瞇起的眼睛和低垂的眉梢是對男友不守時的不滿和厭煩，而在看見自己夢寐以求的禮物時，娜娜把她的眼睛睜到最大，這在心理學上被稱為「閃光燈眼」——表示的是來自內心的驚訝與喜悅，也有不敢相信的意味。

因此，在人際交往的過程中，注意觀察對方的眼睛，能幫助你獲得更多的情緒訊號。當你發現對方看你的眼睛瞇成一條

線，並伴有眉眼低垂的動作時，那就考慮下是不是應該遠離眼前這個並不是很喜歡自己的人了。

● 小講堂

　　首先，睜大的眼睛傳達的是一種正面的情緒。當看見自己喜歡的人或物時，表現出正面情緒，瞳孔擴張、眼睛睜大，越大表示喜歡的程度越高，眉毛上挑，有些人還會竭力把眼睛睜到最大，這個時候就是「閃光燈眼」。其次，瞇起的眼睛表示的是負面情緒。當出現令自己吃驚的事時，眼睛首先也會睜大，以便向大腦傳達足夠的視覺訊息，而當大腦接收到訊息後就會立即做出處理，這個時候眼睛便會瞇起來，瞳孔縮小，比如遇見具有威脅性的事物、見到不喜歡的人、聽到不愛聽的音樂等等。再次，人在情緒緊張、興奮、憂慮時，眨眼的頻率會增加，甚至出現連續眨眼的動作，這表示的可能是某種心理上的鬥爭。最後，在交際中常常有眼皮跳動的情況出現，它表示的可能是對當前話題的懷疑與不認同，或者正在考慮轉換話題。

▍用你的手勢獲得更多的認可

　　心理學家做過一項實驗，他們要求參與實驗的演講者們在規定時間的演講中分別使用三種不同的主導手勢，即手心向

上、手心朝下以及一根手指在外的握拳狀。同時有專門的記錄人員記錄觀眾們在每位演講者演講期間所做出的表情和動作，以此來作為判斷觀眾對各個演講者的支持度。實驗結果表明，在演講中使用手心朝下為主導手勢的演講者，觀眾支持率只有50％；使用有一根手指在外的握拳狀為指導手勢的演講者，獲得的觀眾支持率只有28％，甚至還有中途退場的觀眾；而使用手心朝上的演講者的觀眾支持率高達86％。

借助手勢來傳達指示的動作以這三種動作為主要分類，而人們最容易接受的其實是手心朝上的動作，因為手心朝上表示的是一種妥協、善意與服從，因而也就不會給人造成被脅迫的感覺，因為你向上的手心似乎在告訴對方：我的手上並沒有武器。而手心朝下的動作表示的則是一種權威性，給人的是被壓迫的感覺，似乎意味著被指示一方在地位上低人一等，當然不容易被人接受。而那種只有一根手指在外的握拳狀指示手勢似乎在說：立即照做，不然就試試看！試想，如果現在有人這樣指示你，你會樂意接受嗎？

當然這三種手勢在日常生活中還是有很多實際例子的，比如在出電梯的時候，你想讓站在你身邊的女孩先出去，就可以使用手心向上的手勢來示意，女孩也許只是笑笑，但是她肯定會認為你是一個很有風度的人。這就告訴我們，在人與人的交往中，表現得謙卑、尊重、友善的人會得到更多人的喜歡，而太過強勢往往會被拒之門外。

小講堂

表示自信的手勢：

尖塔式。雙手十指張開，然後僅指尖相對合在一起，手指並不交叉，手掌也不接觸。做這種手勢時，越靠上，表示的自信度就越高。

豎起拇指。不管是將手放在口袋裡，還是叉在腰間，即使是你的手指是交叉握在一起的（表示的是十分負面的情緒），這個時候，只要你肯露出你的大拇指，那麼狀態便會立即變得積極、自信起來。

表示不自信的手勢：

雙手十指交叉握在一起，是一種焦慮與苦惱的訊號。

拇指插進口袋裡，只露出其他四根手指。

雙手凍結。一般當說話者遭受心理壓力時，比如說了謊話、擔心謊言被揭穿，便會盡量減少手部動作，以免露出破綻。

反覆搓手。用手指尖輕微地在另一隻手的掌心摩擦；而當懷疑、壓力的情緒加深時，十指會交叉起來摩擦。

撫摸動作。當說話者面臨壓力時，便會用手指撫摸身體的某些部位，以此來緩解情緒，比如手指撫摸頸部給人不自信、焦慮的感覺；手指觸摸鼻翼，代表說話者對所說的話不自信；手指拉衣角，多半是內心羞怯的表現。

▌手臂傳達的訊號

　　讓衛陽感到最頭痛的事莫過於坐捷運。每當搭捷運時，他都會深深地感慨：這世界上的人真是太多了！有一次，衛陽被一堆人擠著上了車廂，也不知是誰在後面推了他一下，衛陽一個趔趄，只覺腳下一顫，像是踩到了什麼東西。他本想低頭看看，可馬上就接觸到了一束尖銳中帶著點無奈的目光，衛陽這才明白過來，是踩到她的腳了。尷尬的衛陽也不知道該說什麼，緊接著那名女子就把兩隻手臂抱在了胸前，左肩的皮包也被緊緊夾在懷裡。這些動作不禁讓衛陽哭笑不得。但是，看看車廂裡的人，有幾個不是這樣的呢？站著的人叉開雙腳，雙臂交叉抱在胸前，即使是拉著扶手，另一隻手臂也會緊緊地連同背包壓在身體一側，那些坐著的人也會擺出各式各樣的姿勢。這個時候，衛陽突然想：都是陌生人，也難怪。

　　在公共場合裡，假如是陌生人，太近的距離就會令人不自在：擔心會對自己造成威脅、擔心隱私遭到侵犯，這時人類的本能反應便是自我保護。通常情況下，架在胸前的手臂表示的是消極地拒絕，不准對方靠近，以免對自身形成威脅，本質上是自我保護的慣性反應。而站立時，叉開的雙腿表示的是領地的占領，同時也可以避免緊急煞車時身體失衡。這些姿勢在公共場合是經常可見的，讀懂它們便不會失禮於他人。這讓我們知道，不僅有必要讀懂這些手臂傳達出來的訊息，了解這個時

候對方在想些什麼，而且在某些時候，自己也可以透過這種方式向他人發出訊號。

小講堂

手臂會在人體感覺將要受到威脅時，保護身體不受傷害。

收回手臂的動作。處於負面情緒時，人們會自然地收回手臂，好使手臂時刻保護著自己，同時也能造成很好的安慰作用。那些正在爭吵的人，往往會把雙臂抱在胸前，這個動作不僅能保護自己的身體不受侵害，也可以造成抑制情緒的作用。

雙臂背後。很多人喜歡將雙臂背在身後，其實它表達的意思是「不要靠近我」，這樣的人往往有較濃的地位意識，會在不知不覺間拉大彼此的距離。

雙手叉腰。這是一種捍衛領地的動作，它與叉開的雙腿有類似之處，同樣是很強的領地宣言，表示自己的地盤神聖不可侵犯。

雙臂伸展。手臂向外伸展，同時張開手指按壓於桌面或者其他物體上，這個動作表示的是強調與權威，同時也是一種對自己自信的表達。

小心腿和腳暴露你的性格

麥克是個很有才能的人，學歷也很高，但是他的人緣不是很好，別人都認為他很傲慢，有種很強的自我意識。自從丟掉之前的工作後，他就一直在家待著，也面試了好多公司，但是最終都沒有成功。這次，麥克又接到一個面試通知。面試的時候他像以往一樣表現得很自然，面對面試官的提問，麥克對答如流，給面試官的印象很好，他們頻頻點頭，臉上露出了微笑。揚揚自得的麥克有點輕飄飄的感覺，然後他竟然把一隻腳盤在另一條腿上，還不停地晃動著身體。面試官們面面相覷，收住了笑容，顯然這很讓他們吃驚。在決定是否應該留下麥克的問題上，幾位面試官作出了一致的決定：麥克有很好的條件，但是如果他加入我們的團隊，會給公司內部的合作關係帶來衝擊，因為他不懂得尊重人，人際關係肯定不會好。

心理學家認為，人的腿和腳雖然距離大腦最遠，但是它們所反映出來的資訊可信度不比其他的部位差。甚至還有種很流行的說法：「最誠實的是人類的腿和腳。」腿和腳的擺放姿勢在一定程度上可以反映一個人的性格特徵。比如故事中的麥克，一隻腳放在另一條腿上的姿勢顯然是性格傲慢的表現。說話時喜歡抖腳的人，常常被認為是自私的人；喜歡蹺著二郎腿的人，雖然比較自信，但是有時也會過於自傲。這些告訴我們，在人

際交往中可以透過觀察對方的腿和腳的擺放姿勢判斷其性格特徵，同時，我們要想給別人留下比較好的印象，也要留心某些時候不經意間的小動作。

◗ 小講堂

不同的腿腳姿勢傳達著不同的資訊，同時也在不經意間就流露出一個人的性格。

歡快地踮著腳，或者是雙腿、雙腳一起有節奏地擺動、顫動，這是一個很有感染力的快樂訊號，心理學上稱之為「快樂腳」。某些女孩在內心喜悅時還會用腳尖將自己的鞋子挑起來，並且上下踢動。

當面對不耐煩的話題，或者是有事急著離開，對方就會改變腳尖原來的方向，心理學上稱之為「轉向腳」。更加有趣的是，很多觀察者都發現，大多數人做出「轉向腳」之後，腳尖朝著的方向往往就是他即將要前往的地方。

站立時叉開的雙腿是領地捍衛的宣言，這樣不僅使自己站得更加穩當，還會占有更多的空間。當一個人想要在你面前樹立權威時，便會使用這一動作。另外，對方的雙腿如果是由先前的合併再突然叉開，那麼很可能是他開始不高興了，或者是在情緒上有了波動。

站立時雙腳交叉放置，渾身的重力只集中在其中一條腿

上。這表示的是一種高度的舒適感，當交談的人擺出這樣的動作來，就表示談話的融洽與關係的和諧。

▌穿出來的性格

　　小江和小吳在同一家公司上班，閒時便喜歡在一起聊聊公司裡的事情，當然這種聊天還帶有一種探討性質，因為小江比較內向，與同事的關係不盡如人意。這時候，他就會習慣性地找小吳幫忙，小吳也熱情，兩人一來二往便熟絡了起來。這天，小江又來找小吳了，談起了公司最近新來的同事。這位同事坐在他的旁邊，卻從來不和他說話，但是也不會不搭理主動和他搭話的人。「就是那個總是喜歡穿著一身寬鬆衣服的人吧？那些衣服我總覺得又寬又大，蠻奇怪的。」小吳似乎也早就注意到了。「是啊，是啊。」小江點頭。「其實我已經感覺到了，他是因為比較內向，不會主動去接近人，但是只要你肯主動接近他，時間一長，就會和你熟悉起來，不是什麼大問題。」小吳說。後來，小江果然這麼做了，每天早上小江都會先說一句「早安」和他主動搭話，下班時也會主動邀請他和自己一起走，而每次那位新同事也會很熱情地做出回應，時間一長，沒想到兩人還成了很要好的朋友。

　　其實，只要了解了一個人的性格，搞好關係也就不是難事

了。故事裡的小江是因為摸不透對方的性格，才一直不知道該怎麼做，而面對就坐在自己身邊的同事，也不能不理不睬。小吳給小江的建議，就是根據新同事的穿衣風格得來的：喜歡穿寬大衣服的人一般比較以自我為中心，這類人內向，不容易主動接近他人，朋友不多，但是一旦熟悉起來就會有不一樣的感覺。因此，小吳覺得他並不是不喜歡小江，而是不願主動，所以就建議小江先主動一點，不料還真的管用。這告訴我們，在人際交往中不妨看看對方的穿衣風格，透過穿衣打扮來了解其個性，掌握更多的人際資訊，這樣才能清楚該怎樣對待這一類人，避免緊張的人際關係。

小講堂

心理學研究顯示，每個人的穿衣風格在一定程度上是不同個性的展現。

喜歡穿簡單樸素衣服的人，性格穩重、沉著，為人也比較隨和真誠，只要別人以誠相待，他絕對會以相同的方式予以回應。這類人不管是在學業上，還是在工作中都屬於踏實好學型，並且善於客觀、理智地看待事情。

喜歡穿華麗衣服的人，虛榮心比較強，有很強的自我表現慾望，多注重華美的外表。想與這類人搞好關係，就需要多對他身上的服飾表達讚美之情，同時還要適當為他創造一些自我展示的機會，最好不要和他有金錢上的糾纏，否則，關係破裂

的可能性是極大的。

喜歡穿相同款式衣服的人，性格大膽直率，是非愛恨分明，有自信心，因此行事也比較果斷，不會拖泥帶水，但是有時候也會自信過頭，給人傲慢清高的感覺。

喜歡穿淡色衣服的人，一般生性活潑好動，開朗健談，樂於結交朋友；而喜歡穿深色衣服的人，性格則比較穩重，沉默寡言者居多。

喜歡穿短袖的人，性格隨和、親切，追求創新，但自主意識較強，往往會以一己好惡來評判一切；喜歡穿長袖的人，性格就比較保守，不喜歡創新，雖然不喜歡冒險，但是有著較高的人生目標，往往追名逐利，有很強的適應能力，人際關係也不會很差，他們往往注重自己在他人心中的形象，渴望得到認可和讚賞。

▎從寵物看對方的脾性

公司年末聚餐的時候，小海因為塞車晚到了十幾分鐘，最後坐在立宇的旁邊，但是由於兩個人並不是同一個部門的，平時也不來往，所以當大家都在閒談的時候，他們倒覺得有些尷尬了。還是立宇先開了口，他半試探半詢問地說了一句：「嘿，酒量怎麼樣？」小海笑笑，說：「還沒怎麼醉過，應該還可以，

哈哈！」「上次我喝醉了回家後，我妻子沒管我，我家小蜜倒過來安慰我了。哈哈……」立宇接著小海的話說。但是，這句話一說出來，立即就引來了小海奇怪的眼光，「小蜜？」小海驚訝地問。「唉，我養的貓，從和妻子結婚那年就一直跟著我，一晃都五年了……」立宇似乎在感慨些什麼。「貓？我也喜歡貓，家裡以前養過一隻，但我不懂照顧牠，結果沒過多久牠就消失了，到現在我都不敢再養貓。」小海心想，早點認識他就好了。「這貓啊，像女人，要哄，所以牠就變成了我的小蜜。」立宇像是在打趣。後來，小海便從老家帶了一隻小貓回來，以後也經常去問立宇一些養貓的細節問題，兩人從此就成了很要好的朋友，逐漸了解以後，他們都在彼此身上發現了很多相似之處。後來，立宇開玩笑說：「小蜜就是我們的媒人！」

　　貓是一種需要尊重與關愛的動物，一般喜歡貓的人是比較會尊重人的，在人際交往中，他們都有一種與之保持聯繫的願望，懂得相敬和設身處地為對方著想。當然，那些不養貓的人並不一定就沒有良好的人際關係，他們可能有自己更喜歡的寵物。因此，在人際交往中，不妨考慮從對方所飼養的寵物那裡，看透他的脾性。

▶ 小講堂

　　如果要問起養寵物的原因，其實並不單單是「做伴」那麼簡單。心理學家根據研究證明，從餵養的寵物是可以看透一個人

的性格的。大多數的人往往會在無意識的情況下，選擇一種與自己有類似性格的寵物，比如那些性格孤僻、特立獨行的人喜歡養貓；性情開朗熱情、活潑好動的人喜歡養狗；喜歡追求刺激的人喜歡養蛇等等。同時心理學家還證實，飼養寵物其實反映了幾種心理類型：

自戀心理。即寵物是其部分人格的反映，這些人把寵物當成自己一樣來對待。

理想化的照料者。這類心理通常在孩子身上出現比較多，當自身缺乏關心與照料，他會將寵物當成自己，而自己便是一個照料者，他怎樣對待寵物，其實就是他內心渴望被照料的方式。

情感壓抑的表達。心理學家證實，很多人都有兩面性格，即心理學上的「隱性性格」，而當面臨壓抑又無處釋放的時候，餵養一種具有自己隱性性格的寵物便是一種情感的宣洩。

▌從讀書種類看對方的思想觀念

美國紐約有一家名叫「希爾塞心理諮商中心」的研究機構，有一次，霍夫曼博士接待了一位諮詢者。諮詢者是這樣說的：「我出社會已經三年了，目前是一家公司的小職員，但是我很想開創自己的事業，本來想從小職員做起，慢慢往上升，可是我

的表現似乎總是得不到大家的認可，最近我很煩悶，不知道是繼續留在公司，還是……」霍夫曼博士沒等他把話說下去，就說：「你知道自己擅長什麼嗎？」那人搖搖頭。「剛剛看了看你的基本資料。在興趣愛好一欄，你寫的是讀書，那麼，請告訴我你喜歡讀什麼書呢？」「兵書。」那人幾乎毫不猶豫地就脫口而出。「很好，那我建議你現在就辭職吧。」後來那個人果真辭職了。兩年後，他開了一家自己的投資公司並且已經是赫赫有名的商業經理。

霍夫曼博士根據自己多年的研究發現，一個人閱讀的書和他的性格有著十分緊密的連繫。因此在知道諮詢者的讀書愛好後，根據其所喜好圖書的類型，就可以判斷出他的性格特徵以及該從事的職業領域。喜歡讀兵書的人，擅長研究謀略，能夠隨機應變，他們中間不乏政治卓越者、學識淵博者、商人、軍人等。而事實也證明了霍夫曼博士的判斷是正確的。這就教導我們，在人際交往中，可以透過一個人喜歡閱讀的書籍來判斷他的性格特徵；同時，你如果希望自己有什麼樣的性格，可以透過閱讀相關的書籍來加以培養。

小講堂

霍夫曼博士根據研究總結得出一些可以看出一個人性格的例子：

喜歡閱讀言情小說的人，感情豐富、感性，生活中態度積

極樂觀，相信自己的直覺，即使是遇到挫折，也能很快走出陰霾，正所謂「在哪裡跌倒就在哪裡爬起來。」

沉迷於推理偵探類小說的人，善於解答疑難，愛動腦筋，喜歡接受挑戰，生活中的各種問題和難題，他們都樂於面對，並積極尋求方法解決。

愛好武俠小說的人，個性鮮明，愛恨分明，常常有遠大的夢想和抱負，嚮往自由，不喜歡受拘束的生活。

經常閱讀恐怖小說的人，多喜歡冒險，不甘於平淡無奇的生活，追求豐富多彩的生活方式，這類人或許對當前的生活感到壓抑，希望在書籍中尋求些許的刺激，暫時拋棄憂愁與苦悶。

常常在傳記類書籍中徜徉的人，為人思想成熟，凡事深思熟慮之後才會付諸實踐，有雄心壯志，同時也勇於嘗試並踏實勤勞，因此很容易取得一番成就。

對新聞報紙雜誌等感興趣的人，善於接受新事物，具有現實主義精神。

總是喜歡沉醉於詩歌中的人，往往對生活充滿熱情，善於觀察生活、體悟生活，性格上追求簡單、樸實，嚮往人性最初的真善美，不喜歡紛繁複雜、爾虞我詐的人際關係。

如果熱衷於女性讀物，那麼這個人比較有進取精神，工作上嚴謹認真，生活上一絲不苟。

對財經類書籍頗為關注的人，往往希望表現自己，個性好

強、善競爭，一般都會有較強的事業心。

　　還有些人喜歡閱讀《聖經》之類的書籍，這樣的人通常有比較好的人際關係，寬以待人，嚴於律己，不管是在生活中，還是在工作上都會踏實進取、誠懇待人。

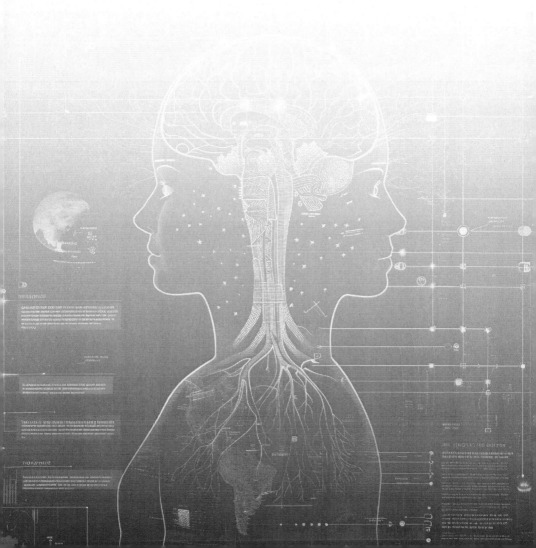

第三編
行走職場的心理自助課

第三編　行走職場的心理自助課

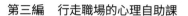

第七章
人在職場必修的心理課

　　每個人都有自己的強項和弱項，成功的人不是
因為他們有多高的智商，而是因為他們找準了自己
的位置。為什麼你還是一直默默無聞？你是不是還
是職場的「窮忙一族」？是不是還在為能力無法發揮
而苦惱？無論怎樣都不要懷疑自己的能力，這其中
很大的可能性就是你一不小心站錯了位置，因此要
從現在開始找準自己的才華座標，正確看待成功之
前的一切磨礪。此外，要當一個職場達人，你還要
懂得一些職場人士必須要懂的心理常識，它們將提
點你在職場上的一言一行。

▌幫自己的才華找準座標 —— 瓦拉赫效應

　　小西在一家不大也不小的公司上班，但是已經工作兩年的他總是覺得自己似乎還是老樣子，錢沒存多少不說，生活的壓力還越來越大，整天忙忙碌碌，為生活奔波，看不見收穫在哪裡。最近，小西很鬱悶，因為大學好友小朱已經開始籌備婚禮了，小朱用兩年的時間，不但找到了好工作，還把女朋友也帶回家了。小西自認為並不比小朱差，可是差距怎麼就這麼大呢？心情糟糕的小西無處發洩，就在臉書上發表了一些文字，主要是記錄自己每天瞎忙的瑣事。時間久了，小西發現這種發洩心情的方式還挺有效的，不僅心情好了很多，而且最近他發現自己的臉書發文有很多人瀏覽並給了很多建議和鼓勵。某天，忙了一天之後，心情沉重的小西登上臉書發現有一條未讀訊息，點開一看，上面寫著：您好，讀了您的小記〈瞎忙記〉後覺得很有同感，可否考慮在本人的公司出版？之後，小西的文字真的在一家出版社出版了。從此，小西灰暗的人生徹底被改寫了。

　　心理學上將這種現象稱為「瓦拉赫效應」奧托・瓦拉赫（Otto Wallach）是著名的諾貝爾化學獎得主。在他小的時候，父母希望他走文學這條路，但是老師認為他「過度拘泥，很難在文學上嶄露頭角」。學油畫時，他又被老師狠批為「繪畫藝術方面不可造就之材」。那時的瓦拉赫是全班最笨的學生之一。但是，化學

老師發現了他的天賦，並開始鼓勵他在化學上盡情發揮自己的長處，最終連那位化學老師都沒想到的是，瓦拉赫居然成了化學界的「天才」。

或許我們每個人都有與瓦拉赫一樣的童年經歷，很多方面都不被認可，認為這也不行、那也不行，結果就真的不行了。我們能否成功，並不在於能否有像瓦拉赫一樣的運氣，能夠遇見一個慧眼識人的「化學老師」；而在於我們善不善於發現自己的長處，並在做出一番行動之前為自己確立定位。瓦拉赫的故事告訴那些正在或即將投身職場的人，為什麼一直平平淡淡？為什麼整天忙碌卻一點不見成效？為什麼帳戶的數字始終不見漲？為什麼生活壓力越來越大？……好好考慮一下現在的狀況吧，也許你真的該重新幫自己定位了。

正確對待成功前的歷練 —— 蘑菇效應

相信人人都希望自己的人生能夠一帆風順，生活如沐春風、如魚得水，事業飛黃騰達、平步青雲，希望不用花費太多的精力就能找到最適合自己的工作……但是你要知道，這所有的一切，並不會輕而易舉地就能得到，而需要自己去爭取！惠普公司前 CEO 卡莉・費奧莉娜（Carly Fiorina）畢業於史丹佛大學，她畢業後的第一份工作是在某地產公司裡當電話接線員，每天

的工作只是打字、複印、收發檔案、整理檔案等雜務。家人和朋友都對此感到不滿和可惜，他們覺得，難道一個名校畢業的大學生只做這些？但是卡莉沒有一句怨言，繼續努力工作的同時一邊學習。

都說機會是給有準備的人的，的確如此。有天，公司的經理問她能否幫忙寫點文稿，卡莉點點頭。而就是這次撰寫文稿的機會，改變了她的一生，在後來的努力下她最終成為惠普公司的 CEO。

「蘑菇經歷」是事業上最為漫長的磨練，也是最痛苦的磨練之一，它對展現人生價值有著至關重要的作用。無論多麼優秀的人才，初次做事的時候都會有段如蘑菇般的經歷，不同的是時間的長短。時間長的人，可能會被人認為是無能者；時間短的人，便是成功者。「蘑菇經歷」是人生的一筆寶貴財富。職業道路上的磨練不是單單在舞臺上的演出，不僅需要進入角色，還要承受現實生活的種種不幸，經歷事業上屢挫屢敗的痛苦。闖蕩事業的過程中總有種種不如意，但一個意志堅強的人，能將逆境變成順境，能在挫折中找到轉機。所以說，一帆風順的人很難取得超常的成就。這段忍辱負重的經歷就像破繭羽化前必須經歷的一步，也只有那些能夠忍受這一切的人才能得到陽光普照的機會。

知道自己要做什麼，
才不會有「來不及」的遺憾

　　從前有一個街頭藝人，年輕時嚮往自由的天性使他不能長時間待在一個地方，最終他放棄了家人、放棄了工作、放棄了交往 4 年的女友，自己一個人到處流浪，以彈唱為生。但是有一天，一位醫生告訴他，他患了絕症，那人頓感生命的短暫。那一刻，他只想依偎在母親的懷抱裡哭泣，想看看女友憂傷而充滿疼惜的眼神。但是，母親在哪裡呢？女友又在哪裡呢？於是他決定回家。在回家的路上，他才真正意識到，原來他這一生最想擁有的並不是自由，而是患難與共的相隨。他想：如果這次回去還有機會，我一定要好好找份工作，努力賺錢照顧我的父母，我要去找我的女友，如果她肯原諒我，我就與她一起組成一個幸福的小家，養育我們的下一代……不，我不要現在就死去，我已經知道我要做的是什麼了，不能現在就離開！但是，沒等他回到家，病魔就奪去了他的生命。

　　心理學上把這種現象稱為「摩西奶奶效應」。美國藝術家摩西奶奶（Grandma Moses）到暮年之時才發現了自己原來最想做的是繪畫，並在繪畫方面表現出了非凡的才華，於是她 75 歲開始學畫，80 歲時才舉辦了人生中第一次也是最後一次畫展。故事中的街頭藝人在臨死前才知道自己這輩子最想擁有的東西；摩西奶奶到年老時才表現出自己的才華，這些其實都在告訴我

們，每個人都要在年輕時明白自己究竟需要的是什麼，努力發掘並去實現，才不會在最後留下遺憾。

▌正視不足才能更加完善自我

　　牛頓小時候很喜歡做手工。有一次，他花了很長的時間完成了一架風車的模型，他為自己的創作而自豪，於是興沖沖地跑到教室裡去向同學們炫耀。結果同學們看到後就開始議論起來：「它怎麼不會轉呀？」「怎麼才能讓它轉起來呢？」「如果它轉了，原理是什麼呢？」一個個的疑問撲面而來，牛頓根本就不知道該怎麼回答，只是站在原地一動也不動。有位同學看出了牛頓的尷尬，就故意刺激他：「風車做得好是一回事，但是連這其中的道理都不懂，豈不是一個頭腦簡單的小木匠？」回家後，牛頓努力鑽研，發誓一定要弄清楚。在以後的學習與研究中，他都將這次的經歷當作教訓，時刻提醒自己。正是這種精神使他在日後成了著名的科學家。

　　牛頓因為得意而忘形，但同學的嘲諷讓他看到了自己的不足，促使他不斷完善自己。正是因為不足才有繼續努力前進的動力，正是因為不足才會有想去完善的意識。這便提醒我們，身在職場，有不足與缺陷並不可怕，可怕的是不能接受、不知進取。只有不斷地發現它、正視它、糾正並努力克服它，才能不斷進步。

▌接受現實才能解決問題

　　1930 年代美國經濟大蕭條，從事保險業務的業務員理查，發現自己的工作似乎越來越困難了，幾天下來，一單生意都沒做成。他的銷售業績一直徘徊不前，眼看就要面臨失業的危險。有天，公司的經理問理查：「你覺得自己在未來的三個月內，工作的業績會如何呢？」「……具體的我自己也不能保證，但是我會讓您滿意的。」理查很小心地說著。經理看著面前的理查，說：「我是說，你有沒有想過要如何對待阻礙你工作的問題呢？」理查很小聲地回答說：「沒有。」這時候經理意味深長地說：「那現在就好好想想吧。但是我想說的是，不管你的業績會如何，只要你肯做，每個人都有機會取得好成績！」這次談話之後，理查便信心倍增，他甚至把每個客戶的家門敲了 10 遍以上。正是如此，理查的名字才沒有出現在裁員名單之上。

　　某家公司的老闆調查過，那些高效率的優秀員工很少會在某一件事情上達成一致，一個人深信不疑的事情，另外一個人會心存懷疑，但是，在他們的身上都有一個相同的特性，那就是勇於面對並接受現實。當一個人面臨困難的時候，最可怕的是還在欺騙自己什麼也沒有發生。如果不能接受現實，事情就永遠無法得到解決。理查的故事給我們的啟示就是，當遇見阻礙的時候，既不能縮小它，也不能放大它，更不能無視它；只有正視它，才能看清楚它的本來面貌，才能想辦法去解決它。

▌要做個有頭腦的員工

　　有一次日本松下準備應徵一位高級女職員，在眾多應徵者當中，進入最後角逐的是林子、玉子、美子三名高材生。但是她們不相上下，公司一時無法決定去留。

　　這天，距離面試時間只有 10 分鐘的時候，人事部部長發給她們每人一套白色制服和一個精緻的黑色公文包，要求在面試的時候用。但是制服上都有一塊汙點，而人事部長也千叮嚀萬囑咐說，總經理希望看見的是一個面容整潔、儀容得體的人，那汙點顯然是不能留的。但是如何處理這塊汙點呢？這就成了三位面試者的難題了。結果，情急之下，林子用手反覆地塗抹制服上的汙點，反而使汙點加大了，整件制服看上去已經不成樣子，人事部部長見了後直接讓她回去不必面試了；玉子則衝進了洗手間，用清水沖洗，汙點是不明顯了，但是制服上有一大片溼跡；而美子似乎什麼都沒想，只靜靜地等待著面試的到來。面試的時候，總經理刻意觀察了一會兒玉子和美子，只見玉子的制服上有一片未乾的溼痕，手裡什麼也沒有，而美子則很端正地站著，手裡捧著黑色的公文包，總經理並沒有在她的制服上看見汙點。原來美子用那隻黑色的公文包將汙點遮住了。公司最終留下了美子。

　　最簡單的問題往往會難倒最多的人，這個時候不是考你有

多精通專業知識，也不是考你的智商到底有多高，考的其實只是在面臨問題時，如何充分轉動你的腦筋。三名面試者其實都是很不錯的人才，但是在處理緊急事件時，只有有頭腦、有智慧的人才能笑到最後。現代企業的職位其實不乏有優秀的高材生去應徵，但是他們往往在處理緊急事務時，容易受常制式的限制，結果進了死胡同。這個時候，有頭腦的人就會充分展現他們的機智與靈活，成為現代企業急需的「頭腦型」人才。這就提醒我們，工作中千萬不要太過於死板，一條路走不通可以換個思考方向試試，要用頭腦做事。

▌分配好你的精力和時間 —— 二八法則

　　美國企業家威廉・穆爾（William Moore）曾經在格力登公司當油漆銷售員。第一個月，他僅僅賺了 160 美元，這個數字的確很讓人寒心。不過他是個愛學習的人，很快便在猶太人的經商智慧中發現了「二八法則」。他仔細地觀察自己的銷售圖表並作了進一步的分析，結果發現自己 80％ 的收入，實際上集中在 20％ 的客戶身上，但是他過去對所有的客戶花費了同樣多的時間 —— 這就是他過去失敗的主要原因。我們不得不說，他是個聰明的傢伙。於是，他要求把他最不活躍的 36 個客戶重新分派給其他銷售人員，而自己則把精力集中到最有希望的客戶上。

不久，他一個月就賺到了 1,000 美元。穆爾學會了猶太人經商的二八法則，這使他最終成為凱利 —— 穆爾油漆公司的董事長。

社會約 80% 的財富集中在 20% 的人手裡，而 80% 的人只擁有 20% 的財富，這就是「二八法則」。20% 的人支配別人，80% 的人受人支配；20% 的人做事業，80% 的人做事情；20% 的人會堅持，80% 的人會放棄。該法則告訴我們，無論做什麼事都要分清主次、輕重緩急，正所謂「對症下藥」，才能充分發揮藥效；同時，還要懂得充分合理地利用自己手中的資源，千萬不要在不必要的地方做不必要的投資。

如果每個人都能夠清楚、透澈地了解該法則，那麼他們就會知道該如何把握時間與精力，進而採取有效的行動，這樣才能「四兩撥千斤」，將自己所要做的事情做好！

辦事要量體裁衣

某國中的楊老師剛剛上任，就碰到教育局的長官到各學校進行實地考察，並到該校抽查，要求被抽到的人寫出一份調查報告，而楊老師也被抽到了。剛開始的時候他也感到為難，因為自己才剛開始工作，對工作本身還不了解，更別提全校的教學情況了。他本不想參加的，但是無奈校長已經開口，他也不好意思拒絕。結果一個多月過去了，當別人都按照任務要求

提交了工作報告時，楊老師還沒有搞清楚頭緒。因為沒有按時完成任務，楊老師受到長官的批評，還影響了整體考察工作的進展。楊老師又氣又惱，結果自己待在家裡生悶氣，臥床半個多月。

楊老師從一開始就知道自己做不到，但是礙於面子又不好意思拒絕，才勉強接受任務，可是他接受了自己根本就不可能完成的事情，後果只會更糟。

每個人都有自己的極限，都有自己的擅長和缺點，在接受任務的時候，你積極主動承擔的熱情當然好，但一旦失敗，便很可能影響其他人的工作、影響團隊的工作。說出去的話，潑出去的水，做出的允諾如果最終無法兌現，你失去的不僅僅是機會，還有別人對你的信任。因此，這就提醒我們，凡事量體裁衣，根據自己的能力做能力範圍內的事，才是明智的選擇，否則，後果只能自己承擔。

▌別讓「短板」限制了你的發展 —— 木桶原理

剛剛從名校畢業的高材生清泉在一家報社當編輯，他有很好的文采，在校時也累積了一定的編輯經驗。工作半年後，他憑藉自己優秀的工作能力獲得了上司和同事的認可。但是最近清泉越來越覺得煩惱，因為最近的幾次例會，主管都會找他發

言。清泉是個性格內向的人，只要一當眾發言，就會不由自主地緊張起來，連說話都有困難，更別提發表自己的見解了。

　　上司本來覺得清泉是個可塑之才，但時間一長，大家都覺得清泉只會埋頭工作，對公司的事根本不用心。後來，上司多次找他談話，讓清泉很難接受，他也知道是自己的缺點限制了他，但是怎麼辦呢？

　　這便是心理學上的「木桶原理」。假如把你的人生比作木桶，那麼，木桶的短板就是你的缺點。在實際的工作、生活中，每個人都有一塊或多塊的短板，它也許是你性格上的缺陷或毛病，也許是你為人處世上的不足，也許是你在某一領域專業知識的匱乏，但不管是什麼都應該被重視並且努力加以消除。有一個關於大學生的故事，該名大學生剛畢業時在一家外商公司工作，後來又下海經商，最終失敗而歸。後來，他在自己的家鄉開起了修鞋店。當別人都在為此惋惜的時候，只有他自己才知道，現在的他意志已經被消磨殆盡，學校裡所學的知識也忘得差不多了，他無法戰勝自己，使自己重新站起來面對這個世界，修鞋店實際上是目前比較適合他的選擇。

　　無論什麼時候，你都得記住，短板出現了並不可怕，關鍵是要努力將它加長；木桶容量再大，只要有一根短板，就永遠裝不滿水。

▌ 勇於改正錯誤，迎接挑戰 —— 特里法則

　　肯德基是個大家耳熟能詳的餐飲公司，不僅小朋友喜歡，大人們也喜歡光顧。然而，這個成功的大企業在進軍香港時也經歷過慘重的失敗，也有不堪回首的過去。

　　1973 年，肯德基將目光瞄準香港。同年 6 月，第一家肯德基門市在香港開業，到 1974 年，數量已達到 11 家。聲勢之大、宣傳之大，加上獨特的烹調方法和配方，讓肯德基紅極一時，顧客們都很樂於一試，可以說肯德基在香港前途一片光明。然而，天有不測風雲，到了 1974 年 9 月，肯德基公司突然宣布多家門市停業，僅剩 4 家還硬撐著。1975 年 2 月，就更慘了，首批進入香港的肯德基門市差不多全軍覆沒，紛紛停業關門。

　　但是，肯德基並沒有一蹶不振。他們首先承認了自己的這次失敗和錯誤，其次分析失敗的原因，最後勇於改正，接受更大的挑戰。正因為如此，肯德基才能成為遍布大江南北的速食連鎖公司。

　　「特里法則」是由美國田納西銀行前總經理特里（L. Terry）首次提出的。他說：「承認錯誤是一個人最大的力量泉源。」換句話來說就是：「失敗為成功之母。」

　　達爾文曾說：「任何改正都是進步。」歌德也說過：「最大的幸福在於我們的缺點得到糾正和我們的錯誤得到補救。」再偉大

的人也會犯錯，再成功的人也有過失敗，但是只要勇於承認錯誤、吸取教訓，他們就能以嶄新的面貌迎接更加激烈的競爭與挑戰。因此，在實際的工作中，我們要將每一次失敗都看作通往成功路上的墊腳石，從每一次錯誤中吸取教訓、總結經驗，它們將會是你在未來的寶貴財富。

▌做一行愛一行 ── 專一效應

　　芬尼曼是某家連鎖超市裡的收銀人員，他的工作簡單而乏味，每天就是做一些反反覆覆的工作。有一次，他聽了一個「建立職位意識和敬業精神」的專題演講深受感染，於是決心要做些什麼以使自己的工作變得有趣。回家後他就讓父親教他使用電腦並設計出了一套程式。在接下來的工作中，芬尼曼都會利用下班時間在電腦上搜尋一些有趣的小故事，再將它們影印出很多份，並在背面署上自己的姓名，第二天幫客戶結帳時，他就將小紙條投進買主的購物袋裡。不久，芬尼曼的櫃檯前就聚滿了客戶，人們在購物結束後都紛紛向芬尼曼索要那張帶有「趣味一讀」的紙條。由此，芬尼曼不僅成了超市裡最受歡迎的收銀人員，而且還為超市贏得了更多的客戶。

　　人之所以會覺得生活枯燥無味，覺得工作不適合自己，想要改變目前的境況，其實源於對現實的不滿。而如何在平凡的

日復一日、年復一年，平淡而又平凡的日子裡挖掘出不平凡，品味出豐富的、新鮮的味道，就需要有足夠的對待生活與工作的熱情。正所謂「做一行，愛一行」、「在平凡的職位上創造出不平凡」，就是像芬尼曼一樣，只有做到這樣，才能保證自己不管是在何種職位上，從事什麼樣的工作都能發現生活不同的意義，這也是身在職場的人必須要擁有的一種精神。

第三編　行走職場的心理自助課

第八章
讓別人喜歡你的心理策略

　　一個人的工作環境越複雜，就越難建立和維持良好的人際關係，愉快的工作氛圍就越顯得難能可貴。假如你能獲得他人的喜歡，那麼好的人際關係也就不請自來了。怎樣才能獲得別人的喜歡呢？聽聽心理學家給你的一些建議吧。好人緣可不是一朝一夕得來的，而是需要你用心經營，雖然要花費不少的心思，可一旦你擁有了它，工作就會變成一件使人倍感享受的事了。

▌ 想要贏得別人的喜歡，首先你要對他感興趣

　　人人都希望別人能夠喜歡自己，希望自己受到歡迎，但是這在生活中似乎並不是一件很容易的事。一位心理學家寫過：「不對別人感興趣的人，他一生中的困難最多、對別人的傷害也最大。所有人類的失敗，都出於這種人。」著名魔術師薩斯頓（Thurston），被世界公認為「魔術師中的魔術師」，他在自己的一生中創造了無數幻象來迷惑觀眾，大家不惜花費高價買票看他的魔術演出。在他最後一次在百老匯的演出中，有人詢問他成功的祕訣，他只說了兩點：一是將自己在舞臺上的個性充分地展現出來；二是真誠地對臺下的每一個人感興趣。原來，想要對方喜歡自己，自己首先要真誠地對對方感興趣。

　　一個愛好繪畫的人，首先要對繪畫感興趣，這樣才有熱情去學習。有一位繪畫大師說過：「我欣賞一幅畫，只要幾分鐘就能感覺出這位畫家是否喜歡別人，如果畫家不喜歡別人，那別人也不可能喜歡他的畫。」連作畫都是如此，那麼為人處世呢？在生活中，當你在與對方說話時，聲音和動作可以充分表現出你的興趣。因此，你輕鬆而愉悅地向對方說一聲「早安」，對方接收到的不僅僅是簡單的問候，或許還會是一整天的好心情，試問，別人又怎麼會不喜歡你呢？

適當包裝好自己，使自己成爲「同類人」

小林剛開始工作的時候，非常不注重個人形象，因為她覺得，公司看的是業績，而不是穿著。周圍的女同事都腳踩高跟鞋、穿短裙，走起路來優雅端莊，她們還常常聚在一起討論「這件衣服款式不錯，在哪裡買的？」「今年夏天的流行色是什麼？」諸如此類的問題。而小林則很少會參與這樣的話題中，似乎自己和她們根本就不是一個世界裡的人。

一次偶然的機會，小林的舅媽（雖說是舅媽，但只比她大一歲而已）來看望她，兩人在逛街的時候，她在舅媽的鼓勵下買了兩套職場白領穿的比較時尚的服裝。當她腳踩高跟鞋，穿著新買的衣服去上班的時候，她發現幾乎全公司人的眼光都在她的身上。休息時，女同事們都湊過來詢問，大家給了她很多的讚美，她一下子就感覺自己和大家的距離拉近了。

很多人追求天然，但有時候適當地包裝，絕對不是隱藏最真實的自己。心理學中有一個心理現象叫「同體效應」，也就是說，只有把自己包裝成與大多數人類似的人，才能更快拉近彼此的距離。

外表雖然不是最重要的，但是人們都喜歡和自己看起來比較相似的人相處。類似的穿著習慣會拉近你與同事之間的距離，獲得更多人的喜歡。學會像他們一樣精心地包裝自己，這

不僅僅決定了你對待自己的態度，也會影響他人對你的看法，以及你在公司裡人際關係的好壞。

▌背後說好話，爲同事設下一個「甜蜜陷阱」

　　文文和小趙因為工作上的事鬧得很不愉快，兩人雖然也都有心解決，但是一直礙於面子，誰也不先開口。一個很偶然的機會，小趙的母親來公司看望她，但當時小趙不在辦公室，文文看到她老人家一個人待著，就主動上前搭話。小趙的母親也是個和善的人，詢問了文文的工作情況，又詢問小趙在公司的表現如何，於是文文就將小趙平時在公司裡的出色表現詳細地講給她媽媽聽，並肯定了小趙的工作能力以及自己也對她大力讚賞。小趙的母親聽後臉上露出了欣慰的笑容。第二天在電梯口，文文正好和小趙面對面遇見了，小趙竟然主動向文文打了招呼，並且說很感謝文文為她說了那麼多的好話，讓母親開心了好久。從那以後，兩人又和好如初了。

　　在背後說的好話，會在不知不覺中傳進被誇的人的耳朵裡，並且他會更加覺得你是真誠的，由此對你充滿感激。喜歡聽好話似乎是人的一種自然心理反應，他人的讚美總是會帶來自豪感，受到激勵與鼓舞的同時，還會對說好話的人產生由衷的感激和親切之感，心理距離也在瞬間拉近了。

　　但是這種好話並不是刻意地討好，過於誇張的讚美往往會使人反感，尤其是在公共場合直接地表達你對一個人的欣賞之情。因此，聰明的人不妨在背後閒談時，多說說好話，相信這些好話總會有傳進當事人耳朵裡的一天，它們經過傳播者傳給被讚美者，會產生更好的效果。

▍適當表達你的喜歡

　　世界上最著名的業務員喬・吉拉德（Joseph Samuel Gerard），曾經一度打破了世界銷售紀錄 ── 平均每個工作日都會賣掉五輛車，被稱為「世界上最了不起的賣車人」。當有人問他「為什麼你會如此成功？」的時候，他的回答是：「我得讓我的顧客先喜歡我，這樣他們才會喜歡我所推銷的產品。」他在每個假日都會為他的客戶親自送去一份表示問候的賀卡，賀卡內容雖然有所不同，但是每一張卡片上都會有喬親手寫的「我很喜歡你」、「我很欣賞你」之類的句子。這些卡片每逢假日便會像定時的鬧鐘一樣出現在人們的信箱中。正是這種看上去似乎有點「自作多情」的做法贏得了客戶的信賴，讓喬創造出了世界銷售奇蹟。

　　心理學上有一種心理現象叫做「相悅機制」，是指人們在情感上的一種相互喜歡、相互融合的現象。也就是說，對方是否喜歡你，是你決定是否該繼續與之交往下去的重要因素之一。

人際交往中，如果對方能夠為你帶來快樂，他的言行也充分肯定了他是喜歡你的。那麼，就會有一種內在的驅動力驅使你去主動接近他。因此，在與同事相處時，我們不妨先向他們表達出自己的喜歡、欣賞之情。俗話說「伸手不打笑臉人」，如果你對對方笑臉相迎，對方自然不忍心讓你的熱情受挫，更沒有必要冷漠地對待一個喜歡自己的人。

▍ 提高你的出鏡率 —— 多看效應

　　雪雪進公司一年多，連升了三級，不是她有多麼專精的專業知識，也不是她多麼會拉關係，而是她在充分展現了自己出色工作能力的同時，還讓大家都喜歡上了她。雪雪在學校的時候就是學生會裡赫赫有名的會長，出社會以後她依然保持著活力與熱情，雖然再也沒人稱自己為會長，但是她知道，今天的我為人服務，總會有一天他人為我服務。

　　剛開始進公司的時候，雪雪在公司裡除了完成上級派的任務外，還經常為同事們幫點小忙，比如去裝水時，誰沒有水了她會幫忙裝；誰早上沒時間買早餐，她會幫忙帶早餐；誰臨時有事需要人代班，她會幫忙。時間一長就連打掃阿姨都誇讚這個女生。當然，聰明的雪雪還會在遇見主管時熱情地打聲招呼，在例會上也會積極主動地發言，時間久了，主管對這個機

靈的小員工也有了很深的印象，再加上她本身就有很出色的工作業績，能不升職嗎？

　　心理學家扎榮茨（Robert Zajonc）做過一個實驗：他向參加實驗的人員出示一些人的照片，但是每張照片出現的次數是不一樣的，有的只有一兩次，有的則多達數十次，然後他請這些人據此來說說對這些照片上的人的喜愛情況。結果顯示，人們的喜愛程度和照片的出現次數是成正比的。也就是說，那些經常出現在他們面前的人獲得了更多的喜愛。心理學上將這一現象稱作「多看效應」。故事裡的雪雪不僅提高了自己的「出鏡率」，還聰明地服務了他人，當然會取得事半功倍的效果。

▎機會總是留給積極主動工作的人

　　某建築公司準備應徵一位經理助理，進入最後環節的是小張、小李和小湯。三個人各有所長，但這不是經理考慮的重點。這天，經理將這三個人叫到工地上，指著面前的幾堆磚頭對他們說：「每人負責一堆，只要將它們排好就行了。」三個人面面相覷，也沒說什麼就開始做了起來。不一會兒經理走了。小李說：「我們不是都被錄用了嗎？怎麼叫我們來做這些！」小張接口說：「是啊，真累，休息一下吧，反正經理不在。」說著就放下了手裡的工作。小李也慢慢停了下來，只有小湯沒有說

話，他心想，經理這樣做肯定有他的道理，先做完再說吧。

半個小時過去了，經理回來了，小張和小李的磚頭只排好了一半，而小湯的磚頭早已經排好了。經理看著他們說：「這次公司只錄用一個人，你們三個都很不錯，但是我想也許小湯比較適合這份工作。」小張和小李不明就裡還想說什麼，經理看出了他們的心思，說：「剛才其實是一場考核，面對這場考核，你們的做法我都看在眼裡了。」原來他們以為經理走了，其實經理就在不遠處觀察著他們。

據說戰爭爆發時，美國總統需要立即和古巴的起義軍領袖加西亞取得聯繫，但是當時加西亞在山裡，誰也不知道他的準確位置。可是總統相信，羅文一定能夠找到加西亞，於是他寫了一封信交給羅文，讓他盡快找到加西亞，並將這封信轉交給加西亞。羅文接到信後，沒有多說一句話就立即開始行動，主動、不屈不撓地完成了總統交辦的任務。

職場中，類似小李和小張這樣的人有很多，當接到任務時，表面上接受了，但是實際上又會偷懶，甚至推三阻四、拖延工作、糊弄了事；而像羅文、小湯這樣的人也不乏其數，他們嚴格執行任務，不會有任何怨言，無論何時、何地都一樣努力，積極主動，按時完成任務。很明顯，只有後者才會得到重用。

因此，身在職場的你應該知道，要想得到器重，首先要恪守你作為一名員工的職責，積極主動地完成工作。正如阿爾伯

特・哈伯德（Elbert Hubbard）在《致加西亞的信》（*A Message to Garcia*）中寫的：「我欽佩的是那些不論老闆是否在辦公室都會努力工作的人，這種人永遠不會被解僱，也永遠不會為了要求加薪而罷工。如果只有老闆在身邊時或別人注意時才有好的表現，才會賣力工作，這樣的員工永遠無法達到成功的頂峰。」

第三編　行走職場的心理自助課

第九章
懂點同事相處之道

　　和同事們共處一室，正所謂「低頭不見抬頭見」，處理好同事之間的關係，才能有一個和諧的工作環境，才能全身心投入工作。有人將同事關係比作刺蝟，太近了不行，太遠了也不行。可見，和同事相處也是一門學問。如果你還在為不知該不該融入團隊而苦惱，還在因同事間的言語摩擦而耿耿於懷，還在為同事之間的不快而心存芥蒂，還在不知如何獲得同事的認可和感激而左思右想，那就看看這些心理學小故事吧。

▌積極加入團隊

　　小李是一所頂尖大學的畢業生，在學校時就表現突出，身邊總是伴隨著不同的誇獎與讚美。出社會以後，他發現身邊已經不再有那麼多讚美了，但是依然改不了他好強的個性。

　　當時他和另外一名叫小紀的人同時進公司，兩人都是剛畢業不久的新鮮人。小紀進入公司之後，看見身邊的同事們都認真努力地工作，衣著簡單樸實，並且同一間辦公室裡沒有人抽菸，於是他也漸漸逼著自己改掉了一些不好的習慣，比如衣著隨意、不修邊幅、愛抽煙等。除此之外，他還主動和同事搭話，幫助同事解決了不少問題，同時因為工作努力，業績上也取得了不錯的成果；而小李一向比較自負，認為自己堂堂一個大學時期的傑出人士，為什麼到了這裡就非要適應這裡的一切，有的人還不如自己呢。結果在年終大會上，經理決定在新人中選取幾個表現比較突出的人作為大家的表率，要求現場投票，小紀獲得了最高的選票。小李不明白，自己的業績並不比小紀差，為什麼最後獲選的人不是自己呢？後來他辭職而去。

　　小李的疑問想必大家都清楚，不是他的工作表現不好，而是他過於孤立，沒有和同事們融為一體，同事們不喜歡他，當然就不會為他投票。因此，和同事搞好關係是職場生存必需的，這不僅會帶來輕鬆愉悅的工作氣氛，還會提高工作效率。

假如你發現自己無法融入團體，很可能就是自身出現了一些問題，要知道，環境不是隨著你而改變的，而是你必須要去適應環境。只有那些能夠很快融入集體的人，才會獲得更多人的喜歡，才能為自身的發展創造更多的機會。

▎想好你要說什麼，開玩笑要適度

　　生活中很多人都喜歡開玩笑，因為在幽默的話語裡，往往展現了一個人的幽默感，還可以緩和氣氛，拉近彼此的關係。剛剛上班不久的阿智就是這麼認為的，但似乎並未達到預想的效果。

　　有一次，同一間辦公室的小燕穿了一件新衣服來上班，很多同事看了都說好看、很適合她。大家你一言我一語地誇得小燕合不攏嘴。就在這時，阿智說了一句：「是挺好看的，不過我好像去年就看過一個女生穿，但是她穿著沒你穿著好看。」這麼一說，小燕的臉立即就沉了下來，一言不發地坐下了。旁邊的小麗看出了小燕的變化，於是就低聲對她說：這個人就是這麼討厭，上次也是他。」原來，上次老闆來找小麗拿表單，無意中看見小麗寫在草稿本上的簽名，就開玩笑似的說了一句：「沒想到你看起來文文靜靜的，名字寫得倒挺氣派。」鄰桌的阿智就接著說：「能不氣派嗎？她每天都練呢！」一說出口，老闆立即變

了臉色，「有空的時候多看看資料！」然後轉頭就走了。小麗心裡很不是滋味。

阿智本來是想借開玩笑說句討好的話，卻在無意間讓小燕有些難堪 —— 既然去年就看到有人穿過，說明這件衣服已經過時了。阿智不僅沒有討得小燕的開心，還把她得罪了。可見，說話前一定要仔細忖度一下，確定你的本意，並想好你要說出口的話。開玩笑要適度，要懂得開玩笑的技巧。玩笑的確可以拉近你與同事之間的距離，緩和一些緊張的人際關係，但是怎樣將玩笑開得得體恰當、風趣幽默，這是必須注意的問題。

▌與同事相處千萬不要太情緒化

敏敏是某家大型企業的高級職員，是一名很有潛力的員工，工作上受到好評，能力上也得到肯定。平時敏敏熱情大方、大膽直率，但是也是這點讓敏敏有點鬱悶。兩個月前，經理提拔了一個在各個方面都不如自己的女同事，敏敏很生氣，認為自己工作了這麼久，業績出色是有目共睹的，不被提拔也就算了，居然提拔了一個在各方面根本就不如自己的人！越想越氣的敏敏跑進經理的辦公室去質問，希望上司能夠給個說法。但經理並未說明原因。後來，敏敏覺得很受打擊，工作的熱情也漸漸消退了。

　　仔細分析敏敏不受提拔的原因，其實從她的一系列表現中就能看出來，大膽直率的敏敏太沉不住氣，性格本來就很急躁，還不懂得克制，常常衝動行事，太過於情緒化。這樣很容易給人留下不好的印象。一方面不能和同事完美合作，另一方面還會給公司的利益帶來巨大的影響。這樣的員工，怎麼能得到提拔呢？因此，我們在遭遇情緒問題時，要學會控制，盡量少暴露自己的缺點，不要將情緒拿出來隨便發洩。否則，這會成為你升遷路上的巨大絆腳石。

▌恰到好處地給出你的讚美

　　公司每逢新員工入職都會舉行一次迎新會，一方面是為緩解緊張的氣氛，另一方面是想讓大家有更多交流和了解的機會，這樣才能更快、更有效地進行合作。這次也不例外，小何是這批新員工中的一員，是個典型的美女。但是已經入職半個月了，公司裡除了幾個愛開玩笑的男生找她說過幾次話，就再也沒有人主動去接近她了，因為她總是給人一種高傲的感覺，誰找她說話就會碰一鼻子灰。

　　這次在迎新會上，一向行事低調的俊宏看見小何一個人躲在旁邊吃蛋糕，就主動上前打了招呼，小何朝他微微一笑，似乎對這突如其來的善意頗為驚訝。俊宏也看出了小何在想什

麼，又上前一步，帶著歉意說：「不好意思，沒打擾到你吧？」小何把臉轉向一邊，說：「沒關係，我也沒什麼事。」俊宏接著就說：「據說美女都是高傲的公主，可是沒想到你給我的感覺倒變隨和的。」小何轉過頭來出乎意料地向對面的這個人笑出聲來，「謝謝！」一臉明媚的小何端起酒杯敬了俊宏，「就衝你這句話，你是我今晚的第一個朋友。」

故事裡的小何或許給人的感覺很高傲冷漠，但是在她的骨子裡還是渴望交朋友的，可又拉不下美女的架子。要知道讓一個高傲的人承認自己的缺點是多麼痛苦的一件事，而俊宏的那句恰到好處的讚美不僅將她的缺點變成了優點，還給足了小何面子。聽見這樣的讚美，小何的喜悅當然是溢於言表的。

喜歡被人讚美是人的天性，大多數的人喜歡正面的刺激，而牴觸那些反面刺激，人們總是會對讚美過他的人留有好感，善於讚美他人的長處會讓對方很快就信任你，而最佳的讚美方式就是既讚美他優秀的一面，也讚美他缺失的一面。當然必須要注意，不能將讚美的話表達成嘲諷的意味，這樣就適得其反了。因此在與同事相處時，要收穫良好的人際關係，讚美是一項必學的藝術。

▌試著向你的同事請教

　　小謝來公司的時候是以碩士學歷進來的，不管是在老員工那裡，還是在新進的同一批同事裡面，都算是相對高的學歷了。但是，工作了半個多月後，小謝發現，這裡的工作並沒有她想像中的那麼簡單，很多東西她都不會，但是又不好意思向別人發問，擔心會被恥笑。

　　某日正值午休時間，值班室裡只有小謝和老員工姚叔兩個人。忽然小謝的電話傳來一陣鈴聲，小謝接起電話像往常一樣鎮靜，但不料客戶提出的問題讓小謝一時之間不知道該怎麼回答。一陣沉默之後，小謝慌亂而無奈地看著身邊的姚叔，向他投去求救的目光。姚叔看著她足足有三秒，然後接過她手裡的話筒，再次詢問客戶的問題後，姚叔不慌不忙、十分流利地為客戶解答了疑問。事後，姚叔開玩笑說：「我還以為小謝死都不會向我求救呢！」之後小謝再也沒有覺得向同事求教會被看不起了，而且也會時常會向同事們請教，這樣不僅解決了很多工作上的難題，連同事們對她的態度也漸漸變得友好了。

　　也許在小謝看來，自己這麼高的學歷應該什麼都會才對，不會的東西太多會讓別人看不起自己，因此也就不願意放下身架去向同事請教，這樣反而讓同事覺得她很清高，產生距離感。

　　其實在工作中，並不是每一件事都是你可以完全勝任的，

當遇到困難的時候，正是你需要幫助的時候，這時千萬不要死要面子活受罪。要知道，向你的同事請教並不是什麼難為情的事情，反而還會表現出你虛心好學的一面，顯示了自己的弱勢的同時，還給同事在心理上形成一種優勢感，提升其自我價值，這樣就拉近了彼此的距離。

▌ 做事腳踏實地，他人的功勞勿搶

　　景森和小玥在同一家公司上班，因為是同鄉的緣故，所以走得也比其他人近一點。工作了一年，大家正籌劃著怎麼度過假日，公司卻臨時推出一個年終評比，要求每人拿出一份方案，有優勝獎和最佳貢獻獎。頭腦一向敏捷的景森覺得這是一個表現自己的機會，況且憑藉自己這一年來的努力和經驗累積，拿出一個好的方案並不是難事，也很快就擬出了方案。但是這十分難為小玥，因為她的性子比景森慢，平時表現也不是很好，到最後一天還沒有下筆。

　　這天她找到景森說：「景森，我這個方案做不完，不知道該怎麼改比較好，你幫我看看吧，可以嗎？」景森接過小玥的方案看了看，發現並沒有什麼創新之處，但是也沒好意思說什麼。小玥又提出要看景森的方案。雖然景森心裡很不情願，但自己都看過對方的了，不給對方看也說不過去。等到第二天開會的

時候，經理要求自願發言，第一個舉手的就是小玥，她首先向經理表明了歉意，說自己的電腦中毒了，暫時還不能將方案的書面資料交上去，但是她可以詳細講述一下。景森在一邊聽得目瞪口呆，因為她講述的明明就是自己的方案！後來，景森沒有發言，回家後就寫了一封辭職信。但是小玥後來也離開了公司，因為經理得知她搶了別人的方案，當場就將她辭退了。

　　職場競爭十分激烈，有時候同事也是對手，但是絕不能因為想表現自己就搶占他人的功勞。只有依靠自己的心力才踏實，如果不顧後果地去搶占別人的功勞，最終只會損人又害己。這就告訴我們，在激烈的職場競爭中，我們應該想的和做的是怎樣努力提升自己，而不是如何將他人的功勞據為己有。所謂職場見人品，一個人的道德如何，看他在職場中的為人就可略知一二，搶占他人功勞的人必是有著「不勞而獲」想法的人，這樣的人是不會有進步的，終有一天會被社會所淘汰；同時，這樣的人也不會有良好的人際關係，最終也會被孤立出局。因此，在職場中，要想贏得發展，贏得人際關係，首先就是要有良好的職業道德，做好自己分內的事，做自己能力範圍內的事，不要去搶並不屬於自己的東西。

▌主動承擔責任

　　春秋時期，秦穆公準備祕密發兵攻打鄭國。他本來打算讓秦國大軍和安插在鄭國的奸細來個裡應外合，一舉占領鄭國。不料，這樣的想法卻遭到了秦國大臣蹇叔的反對，蹇叔覺得秦國軍隊遠距離攻打鄭國，必定會被鄭國察覺。一旦鄭國對此有所察覺，那麼他們很可能會在秦軍的必經之路上伏擊秦軍，到時候以逸待勞的鄭軍進攻長途奔波、疲憊至極的秦軍，那肯定是易如反掌，很可能會把秦軍一網打盡，所以他堅決反對進攻鄭國。

　　但是秦穆公堅信自己的行動計畫是完美的，這次出兵一定可以消滅鄭國，所以不顧蹇叔的反對，執意發兵鄭國。當秦穆公派孟明視等三位將軍率軍出征的時候，蹇叔在出征隊伍面前痛哭流涕地警告他們三個說：「恐怕你們這次不但沒有辦法成功偷襲鄭國，反而會遭遇埋伏，我現在能做的就是準備到崤山給你們收拾骸骨了。」

　　結果一切都在蹇叔的預料之內，鄭國得到了秦國將要偷襲的情報，用計逼走了秦國安插在鄭國的奸細，並且做好了迎擊敵人的準備。

　　秦軍得知了這個消息之後，萬般無奈之下班師回朝。秦軍經過長時間的趕路，已經非常疲憊，在回程中防備異常鬆懈，尤其是在經過晉國崤山的時候，秦軍幾乎已經沒有任何的防備

可言了。因為他們覺得秦穆公對剛去世的晉文公有大恩，晉國應該不會趁火打劫。但實際上晉國早就在崤山埋伏了重兵。結果秦軍慘敗，三名主帥全部被俘。

後來幾經波折，孟明視等三位將軍終於得以重獲自由，率領零零落落的秦軍回到了秦國。之後，秦穆公穿著喪服親自到郊外迎接，並且哭著對歸來的將士們說：「都怪我當初不聽蹇叔的建議才會讓你們遭受恥辱，這次戰敗都是我的罪過，我要負全部責任。」

秦穆公十分有擔當地把責任全部攬到了自己的身上，而沒有責怪將士們仗打得不好，這樣的大度深深地打動了在場大臣的心，於是將士們對他更加忠心，秦國上下也變得更加團結起來。秦穆公不僅獲得了秦國上下所有軍政官員的尊敬，而且還讓孟明視等三位將領為了報答他的不殺之恩而更加賣命地為他效力。

其實在職場上也是一樣的道理，做錯了事情要勇於承認錯誤，主動承擔起責任，而不是將責任推卸給他人，即使不完全是自己的錯，你的主動坦誠也會讓別人心存感激，進而對你另眼相看。當同事之間產生矛盾時，你應先從自身尋找原因或者主動承擔責任，相信同事會感受到你的誠意，這樣再大的事情都可以解決。因此，在與同事相處時，千萬不能過於自我。善於承擔責任，才能讓對方更加信任你。

第三編　行走職場的心理自助課

第十章
別忘了和自己好好相處

　　學會了如何與他人相處，那麼，你知道該如何和自己相處嗎？良好的人際關係是從自己開始的，優秀的工作表現也是從自己開始的，如何在激烈的競爭下保持良好的心態？如何在工作的重壓下尋找平衡？如何努力當一名績效突出的員工？如何培養自己的員工精神？又怎樣正確看待工作中的不利因素？如何壓住那顆浮躁的心？面臨困境該不該堅持信念？如何為快節奏的生活紓壓？這些都是和自己相處必做的功課。

▌正確看待你的工作

一個名叫施瓦布（Schwab）的青年，出生在美國的一個小鄉村裡，因為家裡並不富裕，因此半途輟學。到了 15 歲時就去當馬伕，但是這並沒有淹沒他的雄心壯志。

三年之後，他終於有機會來到一個比較大的建築工地工作。剛開始上班的時候，施瓦布就樹立起了一個堅定的信念，他要成為最優秀的員工。於是他就邊打工邊自學，從來不會像別的同事一樣抱怨工作辛苦。

這天剛好經理到工地巡視檢查，看見大夥都在聊天，而只有施瓦布手裡捧著書。經理走過去翻開他的書，又看了看他旁邊的筆記，什麼也沒說就離開了。第二天經理就把施瓦布叫到了辦公室，詢問他現在在學些什麼。施瓦布回答說：「我想公司現在並不缺少普通員工，缺少的恰恰是有工作經驗和專業知識的技術人員，您說對嗎？」經理看著他點點頭。不久之後，施瓦布就被升為技師。面對他人的嘲諷，他說：「我不光是為老闆工作，還是為自己，我要在有限的時間中為自己的夢想工作！」就這樣，施瓦布憑藉自己的努力一步步升到了總工程師的位置，後來他還做了這家公司的總經理。

讀了施瓦布的故事，也許很多人都開始審視自己：我們是在為誰而工作呢？這確實是一個很值得思考的問題。有一個故

事：某個建築工地裡有甲乙丙三個人正在工作，後來走過來一個人問：「你們在做什麼？」甲回答說：「我在搬磚頭。」乙接著說：「我在蓋房子。」而丙則兩眼放光地說：「我正在建造一座宏偉的教堂。」三年後，甲和乙還在建築工地上當普通的工人，丙則成了有名的工程師。對待工作不同的態度決定了他們不同的命運。

　　在許多人的眼裡，總是覺得自己是在為別人工作，於是抱著這樣的工作信念，盲目地將工作的最終受益者認定為自己的老闆。「完成任務就好了，何必要確保效率和品質？工作又不是我的，我是在替老闆工作而已。」有多少年輕人因此而吃了虧，甚至錯失了很多原本可以改變命運的珍貴機會？有些人為什麼終其一生都是碌碌無為的小員工呢？多數情況下就是因為沒有正確看待自己的工作。因此，不管你現在從事著什麼樣的職業，在什麼樣的公司裡上班，擔任什麼樣的工作職位，都必須意識到你的工作是自己的，你是在為自己而工作，或許是為了有一個美好的前程，或許是希望有一個和諧美滿的家庭，也或許是為下一段歷程打好基礎。但是最終，你都應該確信：你的工作是自己的，你工作也是為了你自己。只有這樣才能燃起工作的熱情，充滿動力、全心全意地投入其中，實現不同人生階段的價值。

▌戒除貪念，切勿錯失良機

　　從前有一戶有錢人家養了一隻純正的愛爾蘭名犬。有天傍晚，這戶人家的太太帶著這隻愛犬散步時，遇見了熟人於是便攀談起來，結果回頭已不見自己的愛犬。愛犬丟失讓這戶人家很傷心，於是先生就找到一家報社，在報紙上發表了一篇尋狗啟事，並在旁邊附了一張愛犬的照片，還註明誰要是送還愛犬，酬金 1 萬元。

　　這則消息占了報紙的大半個版面，足以見得主人對這隻愛犬的重視。啟事刊登之後，便絡繹不絕地有人來送狗，但都不是主人要尋找的那隻。後來太太想：好歹也是一隻純正的名犬，或許是人家覺得酬金太少了，不願送還呢？先生覺得有道理，便又將酬金漲到 2 萬元。這天傍晚有一個乞丐在無意間看到了這則消息，便立即跑回自己居住的橋下看看這隻前兩天在公園的躺椅上撿到的小狗，並對照著報紙上的照片一看，果然沒錯，正是這隻。第二天一大早他便興致勃勃地抱著小狗準備去領酬金。但是經過報攤的時候，乞丐又發現了那則消息，發現酬金已經漲到了 3 萬元。乞丐心想：要是再過幾天，說不定酬金會漲到一個更可觀的數字呢！最後他抱著小狗回去，繼續將牠拴在橋下。

　　時間一天一天地過去了，酬金也正如乞丐所願，已經漲了

好幾萬元。乞丐一心想著要錢，卻忽視了那隻被他粗魯地拴在角落裡的小狗，在那個陰暗潮溼的環境，沒有食物，更沒有主人悉心的照料。又過了一天，酬金已經漲到了令全鎮居民驚訝的數字了，在街邊乞討的乞丐終於決定把小狗送還給主人。於是急匆匆地跑回橋下，但是意想不到的事情發生了，小狗一動不動地躺在那裡，乞丐癱坐在地 —— 小狗的死也將他的發財夢一起帶走了。

生活中常常禍福相倚，時機可遇而不可求，一旦出現就要好好把握，一定不要有過分的貪念，否則只會白白錯過，最終扼腕嘆息。故事裡的乞丐本來可以獲得那豐厚的酬金，從此改變生活處境，因為這隻小狗給他帶來了轉運的機會，但是因為貪念太重、不知滿足而終與機遇失之交臂。

18 世紀的法國哲學家狄德羅（Diderot）曾經有這樣一段經歷：友人送了他一件高級睡袍，狄德羅非常喜歡，幾乎天天穿在身上。但是他漸漸開始覺得家裡的一切都顯得那麼簡陋粗俗，於是他把家裡所有看不順眼的東西都扔掉換成新的。可是他似乎還是開心不起來。在一次偶然脫下睡袍的時候，他居然覺得空前的輕鬆。最後狄德羅不得不承認，原來自己一直被一件睡袍左右著。其實人的慾望就像是這件睡袍，永遠無法找到滿足的終點。似乎對比之下，所有的東西都需要最好的搭配。這就教導我們，不管是在生活中，還是在職場上，保持一顆知足的心，樂在當下，不要被永無止境的貪念所左右，只有這樣

才能把握住每一個有利於你的時機。在工作中，如果你不能把握好當下的機遇，那麼你將失去的就不僅是升遷的好機會，還會是你的工作。

▌把工作當成你一生的事業

　　小高曾是一名小職員。在那段為倉庫管理員打雜的歲月裡，小高表現出了極高的工作熱情。當時管理員常常讓他幫忙縫補帆布，於是小高就學著母親的模樣，認真地做起來。後來管理員還時常打趣說：「小高做起縫補的工作還真有模有樣。」有一天晚上忽然刮起了大風，接著暴雨傾盆而下，聽見外面嘩啦啦的聲音，小高馬上起身爬起來，不顧同事小李的阻攔，拿起手電筒就衝進了狂風暴雨中。身後的小李直罵小高是個傻瓜，管那麼多閒事幹什麼！

　　只見小高跑到露天倉庫那裡，一個挨著一個地檢視了一遍儲貨堆，並且把不牢固的和被風掀起的帆布拉緊。這個時候，公司經理也剛好來到了這裡，看見在大雨中儼然變成了落湯雞的小高，不由得對這個平時默默做事的年輕人頓生好感。事後倉庫的貨物完好無損，經理決定給小高加薪，並在會議上提出要給他一個好好表現自己的機會。小高笑笑說：「我只是把我該做的事情做好而已。謝謝經理！」事後也並沒有把經理的話放在

心上，哪知第二天經理就將小高叫到辦公室，鄭重地對他說：「我決定調你到另一個公司去當負責人。」

到任後的小高一直都尊奉著「要把公司當成自己的公司，把公司裡的事當成自己的事」的原則。幾年之後，小高就升職為公司經理，而當初與他同時進廠的小李卻依舊在原來的地方當小職員。

小高與小李二人一同來打工，可以說起點都是一樣的，環境也是一樣的，小高順利當了經理，成就了一番事業，而小李卻原地不動。原因何在？就是因為兩人對待工作的態度截然相反：一個視工作為自己的事業，認真負責；而另一個卻覺得自己只是在幫別人工作，敷衍了事。

有人說，如果一個人可以把本職工作當成自己的事業來做，那麼他就已經成功了一半。人類的弱點總是很容易就顯現出來，比如貪圖享樂、不思進取、逃避現實、倦怠懶散等，假如不能把工作當成自己的事業來做，那麼這些弱點就很容易顯現出來，成為你前進的障礙。而只有那些把當前的工作當成自己一生的事業的人，才能在工作中瞄準重心、端正心態，才能保證源源不斷的工作熱情。這樣，即使是在工作中遭遇不快與壓力，也能很快地調整好，不至於輕易將自己丟進疲憊的深淵。

英特爾總裁安迪‧葛洛夫（Andy Grove）也說：「不管你在哪裡工作，都不要只把自己當成一名員工，而應該要學會努力

去適應，把公司當成自己開的一樣。事業生涯除了自己，全天下沒有人可以掌控，因為這是你自己的事業。」

▌學會善待你內心的壓力

　　美國科學家用兩隻小老鼠做過這樣一個實驗：他將一隻小白鼠和一隻小灰鼠一起放在一個模擬的自然環境中，而將小白鼠身體裡的壓力基因毫無保留地抽了出來。沒有了壓力的小白鼠從一開始就顯得很興奮，彷彿對眼前的世界充滿了好奇，牠除了很害怕自己所處的場所被忽然而至的大風颳得東倒西歪外，其餘的時間都處於極度興奮之中。據實驗的統計數據顯示，小白鼠僅僅使用了一天時間，就大搖大擺地把模擬自然環境的空間觀察完了。而小灰鼠由於身體內壓力的作用，在走路和覓食時總是顯得小心翼翼、處處謹小，牠將整個模擬自然環境看完整整花了 4 天的時間。後來，那隻小白鼠爬上一座 13 公尺高的假山，在試圖通過一個小石塊時從高空跌落下來摔死了；小灰鼠最高只爬上了一個 2 公尺高的吊籃，並在那個模擬的自然空間裡連續生活了十多天，看樣子牠已經習慣了這個沒有任何侵襲與噪聲干擾的環境了。科學家說，牠似乎已經開始準備為自己儲存過冬的糧食了，正是因為這些壓力才使得牠在實驗結束後還可以活著走出來。

　　生活就是一串又一串的考驗、一道又一道的坎；職場中也難以避免越來越激烈的競爭，壓力也就隨之而生。據說，在非洲大沙漠上生存的動物，每天睜開眼想到的第一件事就是必須要跑得比獅子還要快，否則就會被獅子吃掉；而獅子也會想：我必須要比跑得最快的動物還要快，要不然我就會被餓死。生存本身就充滿著無窮的壓力，它使羊成為奔跑的健將，使獅子勇猛無比，成為有名的捕獵高手。工作中又何嘗不是這個道理呢？面臨競爭，如果你一點壓力都沒有，又何來進步呢？沒有進步又怎麼會獲得成功呢？

　　所以，不要害怕壓力，你要在這個紛繁複雜、充滿競爭的環境中生存，壓力就不可避免，既然不可避免，那就把它化作前進的動力吧！你應該相信，有壓力是幸運的，否則終有一天你也會像那隻小白鼠一樣「喪生」。

▌用「心」去工作，才能更加優秀

　　李嘉誠很早就外出工作以養家。他先是在一家茶館當店員，後來又進了一家公司做了業務員。有一次，老闆讓他去推銷一種塑膠灑水器，沒有任何推銷經驗的李嘉誠一連走了好幾家都無人購買。一個上午很快就過去了，他卻一點收穫都沒有。這時候李嘉誠開始擔心了：如果下午還是不能完成推銷任務，恐

怕回去就交不了差。但是一向善於思考的李嘉誠並沒有因此而洩氣，當他鼓起勇氣想要重新走進另一間辦公室時，發現樓梯間的地面上有很多灰塵，忽然他靈機一動，沒有直接去推銷灑水器，而是直奔洗手間把灑水器灌滿了水，然後竟在地面上灑起水來了。這麼一灑，地面立刻變得乾淨了。李嘉誠的舉動很快就引來了很多的圍觀者，大家紛紛搶購，李嘉誠一下子就賣掉了十幾個灑水器。

與李嘉誠有著類似經歷的洛克斐勒（Rockefeller），年輕時在一家石油公司工作，負責檢視那些在生產線上的石油罐蓋是否都自動銲接並封好。裝滿石油的桶罐會被傳輸到旋轉臺面上，銲接劑由上方自動往下滴，並沿著蓋子一周旋轉，洛克斐勒每天都是在這麼簡單而單調的工作中重複著。後來他注意到桶罐旋轉一周，銲接劑便滴落 39 滴；但是如果將銲接劑減少一兩滴不就可以既節省了時間又節省了資源嗎？於是洛克斐勒馬上行動起來。經過反覆的實驗，洛克斐勒最終將銲接劑減少到 38 滴，並且效果非常不錯。這樣時間一久，便為公司節省了一筆可觀的開支。正是洛克斐勒的用心思考、發現並努力實踐的行為為他開啟了一扇通往成功的大門。

李嘉誠的推銷為什麼會成功？洛克斐勒為什麼會將銲接劑減少到 38 滴？問題的答案其實很簡單，就是因為他們善於在工作中用「心」。只有用心了才會發現問題，才會想辦法去解決，進而才能取得進步。所以，用「心」會使你的工作表現更加優秀。

▌修煉另一顆心 ── 感謝曾經丟你糞便的人

　　小艾是一家金融公司的基金研究員，也不知道為什麼，部門主管總是看她不順眼。平時會故意給她安排一些比較難的任務，而且只要是主管請客，總是會將她落在一旁，有時候部門集體出去旅遊散心，也總是沒有小艾的份。

　　對這樣的「遺忘」，小艾心裡很不平，想來想去都不知道自己是哪裡得罪了他。後來她向朋友訴苦，說真的做不下去了。朋友是經歷過類似情況的人，於是勸告她：「當他們去聚餐時，你就叫上自己的好友去自己想去的餐廳；當他們去旅遊散心時，你便可以約上兩三人去自己想去的地方享受；當他在工作上給你難題時，你不僅要欣然接受，還要做得更好，這樣你就可以得到更多別人學不到的東西。這樣想想，其實他還幫了你呢！」聰明的小艾照著做了，一段時間以後，就算主管給她再艱鉅的任務，她也可以應對自如，不僅不氣了，還做得更加有衝勁。小艾說：「這是鍛鍊和學習的機會。」

　　後來小艾憑藉她曾經學到的行銷知識和經驗在一家公司的企劃部當了經理，不但工作業績頻頻創佳績，還擁有了一群忠誠的客戶，編織了一張極其寬廣的人脈網，事業蒸蒸日上。

　　一隻在寒冬裡飛行的小鳥，跌落在一塊稻田裡，眼看寒冷將要把牠的生命奪走了，這時候走過來一頭母牛，拉了一攤糞

便在小鳥的身上。奄奄一息的小鳥覺得氣味難聞至極，心想自己本來就夠倒楣了，現在又淋了一攤糞便。但是小鳥忽然感覺周身一股暖流，暖和無比，於是牠也不管氣味了，又用力將自己的腦袋深深地縮進了糞便裡，就是這一攤糞便，幫助小鳥度過了暫時的寒冷。

其實很多事情不就是如此嗎？當鳥兒遭遇一攤糞便時，便以為這就是霉運，殊不知，正是這攤糞便救了牠的性命，幫助牠度過了嚴寒。當某件事情發生時，大家似乎總會以眼前的得失來權衡好壞、判斷禍福，總是太過於在意頭頂上的烏雲，而忽視了天邊不遠處的彩虹。小艾的主管就像是那頭牛，本來是想逼走她，讓她待不下去，但是沒想到正是這攤「糞便」給了她努力提升自己的力量，最終成了小艾前進的動力。所以，當你在職場上也遭遇到類似的「糞便」的時候，不妨像小艾一樣，化怨恨為動力，這樣才能練就一顆永遠積極向上的心。

▌爲自己做一頓最好的人生大餐

一個女孩總是不快樂，總是抱怨生活太艱難、工作太累人，身心俱疲的她已經不知道該如何繼續下去了。這天她來到了父親的房間，希望在父親那裡找到答案。女孩的父親是一位廚師，看見女兒如此消極、負面，就把女兒帶進自己的廚房，

面前有三把鍋子，他分別在三把鍋裡放了些水，並用大火將水燒開。然後在第一把鍋裡放入紅蘿蔔，第二把鍋裡放雞蛋，最後一把鍋裡放一些已經被磨成粉末的咖啡豆，再蓋上鍋蓋繼續煮。大約 20 分鐘過去了，父親將火關了之後把紅蘿蔔和雞蛋分別盛在兩個碗裡，又將咖啡舀進杯子裡。

　　待這一切都做完之後，他轉身問一直不語的女兒：「看見什麼了，親愛的？」「紅蘿蔔、雞蛋和咖啡。」女兒答道。父親並沒有說話，而是讓她用手摸摸紅蘿蔔，再把煮熟的雞蛋剝開，最後要求她把煮好的咖啡也喝了。女兒按照父親的吩咐，一一做了。紅蘿蔔變軟了，雞蛋變硬了，咖啡濃郁醇香。然後她難得地笑笑，問：「爸爸，這意味著什麼呢？」父親微笑著告訴她說：「紅蘿蔔本來是堅硬的，但是經過開水煮熟之後變得柔軟了；雞蛋本來是液體並且是易碎的，而經過開水煮熟之後變成了固體，反而堅硬了；原本粉狀的咖啡進入沸水之後也一起變成了液體。我的女兒，你覺得自己是它們之間的什麼呢？」父親的話意味深長，「當面臨外界的侵襲，困難或許無法預期，你希望自己是紅蘿蔔、雞蛋，還是咖啡呢？」

　　女兒看著父親的眼睛，似乎已經讀懂了什麼。

　　紅蘿蔔被逆境軟化了，雞蛋經過逆境反而變得更加堅強了，而咖啡則在逆境中散發出自己最獨特的醇香，並且開水越是猛烈，它就越是香氣四溢。這一頓大餐是父親專門為女兒做的，

他教會女兒在面臨外界的侵襲時應該像雞蛋，經歷過逆境變得更加堅強，只有這樣才能使自己不會輕易被外界粉碎，而更要學習的還是咖啡豆，因為它們不僅適應了逆境，還充分發揮了自己的潛能和優點。

生活中、職場上，人們所要面對的實在是太多了，誰會一直順利下去，沒有任何困難呢？而當遭遇不幸或痛苦的時候，你是看似堅強的紅蘿蔔，在困境面前選擇軟弱、畏縮，還是像雞蛋，原本性情脆弱，但是經歷了困境的磨練而變得堅強、勇敢？或者是咖啡豆，困境反而促使你有了奮發的力量，逼迫著你綻放出最美麗的自我？

你選擇成為什麼，那你就可以成為什麼。好好思考你想成為什麼，是紅蘿蔔、雞蛋，還是咖啡？不同的選擇，就有不同的心態，也就會有不一樣的人生。

▌輕鬆的藝術

相傳在非洲的某一個土著部落裡有一位老人，每天都會在一棵樹下，一邊乘涼，一邊編織草帽。當時有大批來自美國的遊客來這個土著部落觀光，老人編織的草帽樣式新穎獨特，顏色的搭配也十分顯眼，因此吸引了很多遊客，大家紛紛購買。

其中，有一個精明的商人，看到了這樣的場景不禁在心裡

暗暗盤算：如果把這些別緻的草帽帶到美國市場上去賣，肯定會很暢銷，到時候絕對大賺一筆。這樣想著，似乎自己真的發財了一樣，於是他樂呵呵地對老人說：「老人家，您這些草帽一頂多少錢呢？」老人抬頭看看他，說：「10 元。」然後又低下頭繼續編織草帽，看上去悠閒自得，也那麼認真，彷彿這並不是一項工作，而是一種很特殊的享受。商人聽後欣喜若狂，心想：「要是我帶十萬頂回去在國內銷售，那我一定可以發財。」商人問老人：「要是我在這裡買一萬頂，您會給我優惠多少？」商人等待著老人驚喜萬分的樣子，卻不料老人並沒有一絲一毫的開心表情，反而皺著眉說：「那這樣的話，就要 20 元一頂了。」「為什麼？」商人問道，他從來沒有遇見過這樣的情況。老人解釋說：「在這裡編織草帽是我最大的樂趣，沒有任何負擔，我可以隨意編織出自己喜歡的樣子。但是你如果要我一下子編出那麼多一模一樣的帽子來，那要承受多大的負擔啊！難道你不應該多付點錢嗎？」

　　正如老人所言，當你所從事的工作變成了一種負擔，那就不再有從前輕鬆愉悅的心情，為了各種特定的利益而奔波勞累，甚至承受不該有的負擔，反而令人感到單調和乏味。那麼，你是在工作還是在享受生活？你是邊工作邊享受生活，還是只是工作而忘記了享受生活呢？這些都取決於你是不是真正熱愛這份工作，並把它當作實踐自己的一項志趣，而不是為了某種利益而拚命消耗自己。如果工作不再是一種享受，而你又

要為了生存而不得不走向一種極為單調的循環，這樣的工作不會長久，也不會將你的才能充分發揮出來。因此，只有真正熱愛著工作的人，才能真正成功，生活才能幸福。

▌壓住那顆浮躁的心

　　一名大學生畢業後到一家海上油田鑽井隊工作。工作的第一天，大學生帶著欣喜、滿懷期待，他希望自己可以做得很好，將自己在學校所學到的知識充分施展出來。但是出乎意料的是，他接到的第一個任務，竟是要在限定的時間內登上一臺幾十公尺高的鑽井架，並將一個包裝完好的盒子送至最頂層，主管就在那裡等著他。大學生對這樣的安排頗為不屑，第一次，他快步登上了鑽井架，累得氣喘吁吁，然而還是帶著點小小的成就感。當他把盒子交給主管的時候，主管只在那上面簽了字，什麼也沒說就讓他下去了，大學生顯然有點受挫。然後他又爬了第二次，這次和上次一樣，主管依舊是在上面簽了字就示意他下去。到了第三次，大學生滿頭大汗，渾身已經溼透了，好不容易爬上去，當他將盒子遞過去的時候，主管讓他將盒子撕開。於是大學生撕開了盒子的外殼，裡面是一罐咖啡粉。然後主管又說：「去沖一杯咖啡過來。」大學生一聽就將盒子甩在地上，「我不幹了！」主管見狀站起身來，說：「剛才讓

你做的是我們這裡的一項訓練，叫承受極限訓練。一個在海上作業的員工，隨時都會遇到緊急情況，這需要員工有一定的承受壓力的能力，這樣才能在面臨各種危險時從容不迫，完成任務。年輕人，你前面的表現是很好的，本可以喝到自己沖調的咖啡，但只可惜就差了那麼一點點。記住，做事千萬不能太急躁了。好了，你走吧。」大學生很懊悔，只怪自己太急於表現自己，反而忽視了最基本的東西。雖然離開了，但是他記住了臨走時主管對他說的話，「做事千萬不能太急躁。」在接下來的面試和工作中，他努力克服缺點，並逐漸養成了腳踏實地的工作習慣，後來成了油田鑽井隊的隊長。

作家想要寫好文章，識字斷句是基礎；建築師要想蓋好一棟大樓，打好根基是保證。「不積蹞步，無以至千里」正是這個道理。故事中的大學生就是因為急於表現自己而變得浮躁，無法堅持到最後，與工作失之交臂。因此只有沉下心來，戒除浮躁，才能一步一個腳印地走向理想的目標。

一個成功的人每天會比一般人付出多一點，累積多一點，久而久之，他們便擁有了成功的資本。也許你只看見他們光鮮亮麗的一面，卻不知在成功的背後他們付出了多少汗水。職場中，腳踏實地會讓一個人時刻保持一顆好學的心，放棄那些「一步登天」的想法，踏踏實實做好每一件事，認認真真度過每一分鐘，不忽視小節、不馬虎了事，一點一點積累進步的資本。踏實工作是職場生存與發展的基礎法則，所有的事情只有老老

實實地努力做，才能有所成就，如果總是抱著一種急功近利、投機取巧、碰運氣的心態，就沒有辦法全力以赴，那還談什麼工作水準、業績呢？所以，當上司交給你一些瑣碎、簡單的工作，或者是為你安排了一個表面上看起來沒有分量的工作時，不要不耐煩，這些很可能是對你的考驗，你就把它當作實現偉大目標之前的鍛鍊吧！要知道，一點一滴的小事可以幫助你提高能力，並為今後的職業生涯累積起雄厚的實力。

▎信念的力量 —— 學習盲人的生存祕方

　　有兩個盲人靠說書、彈三弦維持生計，一個是師父，一個是徒弟。年邁的師父已經 70 多歲了，這一生已經彈斷了 999 根弦。師父的師父在過世之前告訴他說：「我有一個重見光明的藥方，藏在你的琴槽裡，當你有一天彈斷了 1,000 根弦的時候就開啟它取出藥方。記住，一定要在你彈斷了 1,000 根弦的時候，並且每一根斷弦一定要是你盡心盡力去彈的；否則，藥是沒有效果的。我就是因為記錯了數字，在彈斷第 800 根的時候就開啟了琴槽，結果再也沒有了重見光明的機會。」

　　那時候師父還是 20 歲的年輕人，如今已經過去了半個世紀，他夢想著重見光明的一天，那張被藏在琴槽裡的「藥方」儼然已經成了他人生的一種信念、一種奮起的力量，於是在這 50

多年的時間裡，他一直努力地彈著三弦，所彈斷的弦每一根也都是用心彈的，並非故意而為，因此他的琴技在同行裡面數一數二，幾乎無人能與之相比。想著想著，忽然「啪」的一聲，第1,000根弦斷了，師父心裡一陣大喜：終於可以取出藥方了！於是他不顧一切地拿著藥方朝著山下城鎮裡的藥鋪奔去。

「對不起，我無法為您抓藥，這只是一張白紙。」師父的心一下子墜入了谷底，什麼都無法思考。在回去的路上，師父細細回想：我說書、彈弦，技藝精湛，別人對我愛戴有加，我也因此學會了愛人，在求生的過程中我其實早已經忘記了自己是個瞎子，過去的歲月裡，我不得不承認我是快樂的。正是這張藥方給了我努力的動力和生存的勇氣，我不是早就得到藥方了嗎？回來後，師父找到自己的小徒弟，並意味深長地對他說：「我有一張重見光明的藥方，藏在你的琴槽裡，等到你彈斷了第1,200根弦的時候，才能開啟琴槽取出。記住，一定要是第1,200根弦，並且是你用心彈的。師父就是因為記錯了數字才失去了重見光明的機會。」小徒弟虔誠地答應著，其實他不知道在師父的眼裡已經噙滿了淚水，師父知道，也許徒弟一輩子都彈不斷1,200根弦。

師父的師父用一張「藥方」使他獲得了活下去並努力奮鬥的力量，即使最終無法重見光明，但是生命已經在那些朝著目標奮進的日子裡獲得了它應有的價值。幡然醒悟之後，師父又用同樣的方式來激勵自己的小徒弟。一張空白的「藥方」激勵了那

麼多的人，這種生生不息的力量只源於一張白紙，它早已遠遠超出了自身的價值，因為那是一種活著的信念，一種由信念而生的力量。一個目標在前方一直吸引著他們向前進，永不停息。

所以，信念的力量是偉大而無窮的。這種力量的偉大之處，就在於它能夠在人最困難的時候給予人鼓勵。它是一個人精神上的強大支柱，是前進的無盡動力，它使人無比強大，所向披靡。不論在何時何地，只要有一份信念，即使面對再大的困難，也不會輕易放棄。職場中，很多人都會有不順，甚至遭遇失敗，但是那又算什麼呢？學習這些盲人的生活態度，一切都會豁然開朗。

▌心靈體操 —— 正面暗示

故事發生在德國。很多年前，一群兒童正開心地玩各種有趣的遊戲。這時一位神父從他們身旁經過，並被其中的一個猶太小男孩吸引了。他走過去，慢慢地托起小男孩的手，非常認真地看了一會兒，然後抬起頭，對正好奇地看著他的小男孩說：「不用多長時間，你就會舉世聞名。」說完便繼續向遠方走去。小男孩靜靜地站在那裡思考著神父的話。陽光下，他的臉上漸漸綻放出了比陽光還要燦爛的笑容，那樣天真無邪、使人陶醉。

若干年過去了，神父的「預言」終於應驗了，那個小男孩成

了 20 世紀最偉大的科學家，他就是赫赫有名的愛因斯坦。

　　還有一個真實的例子，在第二次世界大戰的時候，納粹的一名心理學家在盟軍的一個戰俘身上做了一個非常殘酷的實驗：他們把戰俘的四肢緊緊地捆綁起來，然後再蒙上他的雙眼，在他附近來回搬動器械，並且還非常明確地告訴戰俘：「現在將對你進行抽血！」被蒙上雙眼的戰俘已經什麼都看不見了，他只能聽到血滴進器皿的「滴滴答答」聲。不久之後，這個戰俘氣絕而亡。

　　但是事實上，「滴滴答答」的滴血聲是自來水模擬的聲音。戰俘死去的真正原因是「現在將對你進行抽血」那種強烈的負面暗示，而耳朵所聽到的滴血的聲音，令他想像著自己的血馬上就要流盡。就在這樣的心理折磨下，戰俘結束了自己的生命。也就是說，納粹正是用這種心理暗示的方法將戰俘送進了死亡的深淵。

　　看完愛因斯坦的故事，人們也許不禁要問了，難道這真的是所謂的「預言」嗎？這些「預言」真的有這麼神奇嗎？其實，關於神父對愛因斯坦所做出的那個驚人「預言」，心理學上給出了一種合理的解釋：神父給的心理暗示對於愛因斯坦的成長發揮了正面的，甚至是至關重要的作用。它給正處於孩提時代的愛因斯坦灌輸了一種對於成功的信念，讓他擁有了強大的自信和巨大的前進動力，這在心理學上屬於「他人暗示」。

　　第二個故事中，納粹用心理暗示的方法逼死戰俘，一般認為是「自我暗示」，它是指在某種情況下自己接受了一些觀念，然後不斷地對自身進行自我暗示，對心理施加某種壓力，讓自己的意志發生負面或是正面的作用。

　　這些都屬於心理暗示，即「用一種比較含蓄、間接的方式，對別人的心理和行為產生負面或是正面的影響。讓別人不自覺地或者根本就不加批判地接受一定的意見或信念」。心理暗示是日常生活中一種常見的心理現象，是人類最簡單、最典型的條件反射。所以，心理暗示既可以創造出奇蹟，也能帶來災難。

　　這就告訴我們，在生活中，我們應該多接受一些正面的心理暗示，拒絕那些負面的心理暗示。

　　在巨大的災難面前，人們總會這樣安慰自己：「一切都會過去的，很快就會過去的。」當一個人為某個目標而積極努力的時候，會憧憬著目標實現後的那種美好情景，在幻想中體驗成功後的喜悅心情，這些都是正面、積極的心理暗示。心理暗示如果運用得恰到好處，可以使一個人變得越發自信堅定、鬥志昂揚。不管是在生活中還是在工作中，請多給自己一些正面的心理暗示，就像是為自己的心靈做一次瑜伽一樣，讓自己擁有一份積極向上的心態。在進行心理暗示的時候，應該努力營造出一種被自己信任的感覺，這種感覺應該是真實存在的，而並非虛幻，只有這樣，心理暗示的效果才會更加明顯。

　　著名心理學家馬爾茨（Maxwell Maltz）曾說：「我們的神經系統是很『蠢』的，你用肉眼看到一件讓你高興的事情，它就會馬上做出喜悅的反應；當看到一件讓自己憂愁、擔心的事，它就會馬上做出憂愁的反應。」因此，學會用一種適合自己的心理暗示方式很重要。

▌自嘲的智慧

　　古時候有個文人名叫梁灝，年少時就立下誓言：不考上狀元誓不為人。但是後來他時運不濟、屢試不中，也因此而受到他人的譏笑。梁灝面對這樣的境遇，並沒有消極、氣餒，而是自我解嘲似的說自己考一次就距離狀元近了一步。就在這種自嘲的心態下，他從後晉天福三年開始應試，歷經後漢、後周，一直到宋太宗雍熙二年才考中狀元，還為自己寫過一首自嘲詩。

　　還有一個自嘲的小故事。美國總統林肯也是一個善於自嘲的人。他的一生中可以說磨難不斷，然而原本沉悶、不苟言笑的他，學會了用一顆笑著自嘲的心來消解所有的磨難。有一次，林肯參加一個集會，被邀發言，又不好意思明確拒絕，林肯就講了個小故事：有天他遇見一位婦人，她仔細端詳了林肯後說：「先生，你是我見過的最醜的男人了。」林肯回答說：「夫人，我實在沒辦法，你有什麼好的建議嗎？」那位婦人想了想

後，說：「那你總可以待在家裡吧？」說完林肯就坐下了，大家先是愣了一下，然後對林肯的機智回答報以了熱烈的掌聲。還有一次，林肯與道格拉斯（Douglass）進行辯論，道格拉斯指控林肯說一套做一套，完全是個雙面人。林肯回應說：「道格拉斯先生指控我有兩張臉，真的是冤枉我了，大家說說看，如果我有另一張臉的話，我會帶著這張醜臉來見大家嗎？」林肯的話逗得大家哄堂大笑，道格拉斯自己也跟著笑了。

「自嘲」使梁灝度過了漫長的坎坷人生路，最終達成目標。在這種「自嘲」的心態下，他活到了古代人難以踰越的九旬高齡。美國總統林肯也是用這種自嘲的方式讓自己獲得了一種難得的正向心態。

自嘲是一劑平衡心理的良藥。人的一生難免會面臨一些窘境，這時候就需要及時調整自己的心態，緩解不良情緒，不為名利所累、不為世俗所憂，心態豁達了才能笑對人生。自嘲也是一種幽默的最高境界，適度的自嘲能拉近人與人之間的關係，並增加人格魅力，身處尷尬的窘境時，幽默式的自嘲會幫助你化解人際危機，為自己營造一種幸福感，創造一種積極而正面的樂觀人格。

鍛造一顆善於守業的心

畢業不久後，兩個志同道合的人決定一起創造出只屬於自己的事業，不被管控，自己當老闆。創業初期，小顧是大股東，大東是小股東，兩人就像親兄弟一樣，異常艱難的時候兩人甚至同吃一份便當。就這樣，在最艱難的時期，兩人相互扶持著一起度過了。

但是就在公司漸漸壯大起來時，他們發現彼此間的爭執越來越多了。小顧先是把自己的家屬都安排進了公司，妻子、弟弟、弟媳等，並分配在各個不同的管理層。大東開始覺得這分明就是對他的不信任，並漸漸在工作上顯得倦怠，不久又向小顧說自己想退出了。小顧自然不同意，雖然他已經大概了解了大東想要離開的原因，但是他覺得，身為公司的大股東，他監督大東是理所當然的，並沒有什麼不妥。但是在大東看來，他們的關係已經變質，不再是以前的那種生意上相互信任的合作夥伴的關係，自己成了被管理者，這也就違背了兩人最初創業的目的。大東最終還是離開了。

一起創業的夥伴，最終無法一起將這份成功延續下去，令人深感遺憾，也不由得開始思索，究竟是什麼原因使得他們最終各奔東西呢？其實這與他們的心態有關。合作，代表的是關係上的互助平等，如果一方想要控管另一方，必定會造成關係

上的緊張，甚至僵化。不難想像，為什麼那麼多合作多年的商場夥伴最後都不歡而散，為什麼那麼多的團隊組合會在一夜之間宣布解散，人們在紛紛表示遺憾的同時，又有一種難言的體悟。所以說，在工作中請不要總是以一種「老闆」的心態來對待你的職場夥伴，即便你真的是老闆。

　　合作夥伴們之間的默契和信任，比金錢、股份還要重要，正如一句名言：「錢聚人散；錢散人聚。」工作是你一生的事業，既然擁有了就要好好珍惜，更要珍惜曾經與你一起走過艱難時期的合作夥伴。要知道，事業靠拚，但是也需要你有一顆守住它的心。如此，才能在職場永遠處於不敗之地。

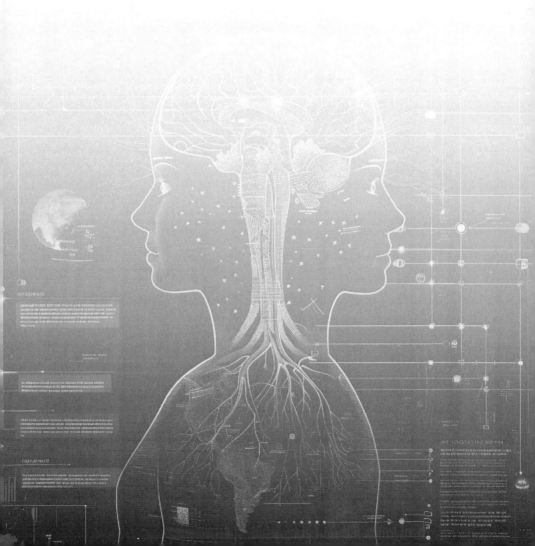

第四編
守護感情的心理學

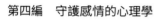

第十一章
知己知彼，方懂愛情

　　也許你身邊有像這樣的一些情侶，他們看起來似乎並不是很速配，性格上也有天壤之別，但他們感情甜蜜；還有一些人，他們對自己心儀的對象展開狂熱的追求，堅持不懈，但是對方最終還是不接受。但是很快你就發現，他們中間很多人最終選擇的對象居然是那個成天「無吵不歡」的歡喜冤家……就像有句歌詞唱的：愛我的人為我付出一切，我卻為我愛的人流淚狂亂心碎，愛與被愛同樣受罪，為什麼不懂拒絕痴情的包圍。為什麼會出現這種現象？心理學家是如何解釋的呢？這裡面又有什麼不為人知的祕密呢？下面將讓你在一個個情感故事中找到你想要的答案。

▌愛上另一個自己 —— 追尋完整的我

　　她與他是國中同學，她熱情開朗、活潑可愛；他沉默含蓄、平靜堅忍。每次見到她的時候他總是會淡然地朝她一笑，那種笑，看不清楚是真的還是假的，只是那微微上揚的嘴角常常會給她一種莫名的幻覺。她搞不清楚，但是也沒多想。哪知，他已經喜歡她很久。在畢業典禮散場的時候，他叫住了她，然後塞給她一張紙條就著急地走開了。她開啟紙條，那上面是一串數字 —— 他的手機號碼。

　　她因為考試成績不好便在國三那年選擇重考，而他進了一所當地最好的高中。她在暑假即將結束的時候撥通了那個號碼，希望向他道賀。然而接電話的並不是他本人，她失望地掛了電話，再也沒有勇氣撥那個號碼。她想，他並沒有給過我任何承諾啊，也許一切都是自己的一廂情願罷了。準備重考的時刻，她常常想起那若隱若現的笑容，那笑容為她撥開迷霧，於是前方的路又變得清晰了。

　　那年，她考上了他的高中，他得知以後，在第一年的聖誕節前，送來一張賀卡，然後轉身飛快地離開了。她呆呆地站在原地，不知所措，打開賀卡，只有簡單的一句話：聖誕快樂。朋友說該回一張給他。但是她沒有。她想，如果他在元旦的時候再送一張，她就回並且還會附上一封信。但是元旦的時候，

他沒有出現。就這樣，高中同校兩年，他們也沉默了兩年。大學後，彼此就失去了聯繫，一直到大學畢業。後來，在一次偶然的同學聚會上，他們看見了彼此，很多同學身邊都已經多了一個人，她是為數不多的單身行列中的一員。好友打趣道：「不會大學四年都沒找到吧？眼光也太高了吧？」她笑笑道：「沒有喜歡的。」然後看看他身邊那位活潑可愛的女孩，淚眼模糊。

上帝永遠都是幽默的使者，他鍛造了磁鐵「異性相吸」的兩極，也讓愛情在「外向」者與「內向」者、「急驚風」和「慢郎中」、「活潑開朗」與「穩重內斂」、「理性型」和「感性型」之間，出現彼此強烈相吸的現象，然而吸引而來的卻只是「型」，而很少是人本身。也就是說，人們最初喜歡的只是某種特性，當發現這種特性在某個人的身上出現時，便會不由自主地喜歡上這個人。

心理學家認為，很多人都有雙重性格，那種被自己隱藏起來不願外露的個性就是隱性性格，正是這種「隱性性格」在人與人之間造成了相互吸引的作用。他最初喜歡她，是被那種充滿生命活力的個性所吸引，在自身陰暗的心靈世界裡，他看見了那股來自「隱性性格」裡的燦爛陽光，為他築起了一座強大的堡壘；而她在他的身上看見了一股沉穩而深具魅力的靜謐，那也正是她所追尋的另一個安靜的自我。彼此相吸各得一線生機，使自己即將枯萎的「影子人格」重獲天日，得以滋潤，在這種相互吸引的過程中完成自我完整人格的追尋過程。

▎他愛上的只是母親的影子

　　小馮擁有一份令人稱羨的年薪上百萬的工作，身邊不乏美女左右相隨。但是年紀輕輕的他在愛情的海洋裡吃盡了苦頭，他聲稱，此生絕對不會再輕易愛誰。發出如此感言，其實是因為他有過三段令人瞠目結舌的戀情。

　　第一次戀愛，他愛上的是一個罹患憂鬱症、剛剛出院的女子，但是兩人的戀情維持還不到幾個星期就痛苦地結束了；第二次，他愛上的是一個患有「暴食症」的女孩，平時的情緒波動很大，一旦感覺到孤獨寂寞，就會在數分鐘之內吃掉大量的食物，但是胃的容量畢竟有限，之後便會遭受強烈飽腹感的折磨，心理上也會產生強大的罪惡感，痛恨無法控制情緒的自己，這位小馮和她的戀情開始得轟轟烈烈，但是維持不到三個月，也痛苦地分手了；第三次戀愛，他愛上的對象是一個有夫之婦，她因為自己的丈夫有外遇、為情所困，楚楚可憐，於是他毅然擔扮演起保護她的角色，一個是曾經戀情失敗的寂寞的遊子，一個是楚楚可憐的斷腸人，兩個人的愛情開始時也是乾柴烈火般凶猛激烈，到兩個人都清醒過來時，才發現這段感情其實也在痛苦地折磨著彼此，萬般無奈之下，以分手而告終。

　　在這三段戀情中，他雖然也嚐到了愛情的甜蜜，但也不得不飽嚐它的苦澀。於是決定再也不要輕易地愛上一個人。

　　人們在為這位小馮惋惜的同時，也不禁會想，究竟是為什麼呢？對身邊「正常」的美女毫不來電，偏偏喜歡上這三位不同類型的女子？事實上，只要了解他身世的人都不會驚訝於他這樣的行為。

　　原來，他是家裡的獨生子，父親有過外遇，那年他才 12 歲，原本幸福的家庭頃刻間瓦解，父親開始挑剔妻子的不是、放大過失，責備她的缺點令人無法忍受，並且告訴妻子自己從來都沒有愛過她，希望彼此放手，給對方自由，妻子無法接受事實，最後罹患憂鬱症以及暴食症，不斷地折磨、摧殘自己，最終患上重病住進醫院。在母親住院期間，他又努力用自己的強顏歡笑來取悅母親，但是最終沒有成功，母親還是離開了他。父親拋棄妻子的行為在他幼小的心靈上烙下了深深的印記。在此後的人生道路上，一旦遇見與自己的母親有著相同境遇的女子，就會激起他強烈的不平感和保護欲，期待透過自己的努力來消減女子內心的痛苦，同時彌補自己在母親那裡未曾得到的成就感。

　　從這個故事中，我們其實不難看出，他愛上的那三位女子其實都帶有他母親的影子。那種帶有憂傷、痛苦的人格特質在不知不覺中吸引著他，潛意識裡，他試圖回到曾經類似的心理狀態中，彌補無法用自己的愛和力量使母親痊癒的遺憾，並給予她們自己在成長的過程中無法得到的愛與呵護。但是反反覆覆，他漸漸發現自己的愛和付出並不能使她們真的快樂起來，最終決定放棄，心理學上把這種現象稱為「強迫性重複症」。

　　這就是為什麼很多條件優越的男孩總是對一些溫柔體貼、善解人意的女子不感興趣，反而迷戀上那些冷豔、挑剔的女子，這些多數是因為他們有一位要求極高、掌控慾望極強的母親，小的時候無法透過自己的努力獲得母親的認可，討得母親的歡心；因此，在潛意識裡希望再有一次這樣的機會來使這些孤傲的女性服軟，在她們的身上獲得認可，促使那顆曾經受傷的心得到安撫與滿足。同樣的道理在女性身上也是如此，即使在遭受萬般「冷漠」、「排斥」、「忽視」，甚至「凌辱」的情況下，還是會無怨無悔地依戀著她深愛的男子。

▋她愛上的是曾經的情感缺失

　　她在一家不大的公司上班，當她的提案第一次被主管狠狠批評的時候，她傷心地落下了淚水：我已經努力過了，為什麼你們都不看過程，只要一個完美的結果呢？悲憤至極的她，下班後躲在走廊的一個小角落裡哭泣，恰好被一名老員工發現了。這個年近半百、有著慈父形象的老員工慢慢彎下腰，耐心地勸導她，並說只要努力就會有進步，時間久了，一定會得到別人的認可，還說自己看過她的履歷，覺得她其實很優秀。她默默地看著他深邃的眼眸，那一刻，悲傷的心被撫慰了。

　　從那天以後，她便開始努力工作，為的就是獲得他的好感，

因為她在那天下午已經無可救藥地愛上了他。在接下來的日子裡，她果然表現出色，再加上她本身長得清秀可人、溫婉精緻，很快就成了他的地下情人。

紙總是包不住火的，流言不脛而走，在公司傳得沸沸揚揚，不久就傳到了老員工妻子的耳朵裡。年輕女子知道後十分痛苦，於是決定離開這個傷心之地，從此遊走天涯。

故事中的女孩出生在一個貧困的家庭，家裡子女多，她常常是最容易被忽視的那一個。十歲那年與父親一起外出到集市上採購，同去的還有兩個弟弟、一個姐姐，在經過人潮時與家人走散，而父親竟然毫無察覺。雖然後來她憑著自己的記憶找到了家，但是她在家人的眼裡並沒有發現任何詭異或者驚喜。從此，她便常常想，如果那天父親像緊緊牽著弟弟一樣牽著自己，她就不會走丟，就不會發現自己是如此不被重視。那時的她因為渴望得到父愛而無法如願，日後便在與父親類似的人身上尋求情感安慰，將從前沒有得到的關愛轉移到別人的身上，以求完成童年時期未遂的願望，心理學上將這種心理現象稱作「移情作用」，即將對過去生命中某些重要的人的情感轉移到現有人的身上，或者是想將曾經想要在一些重要的人的身上得到卻未能如願以償的感情渴求，轉換到當前關係狀態下以求得滿足。

▌愛的延續 —— 綠豆冰淇淋的愛

　　這已經是冠豪第 200 次向女友小紅求婚了，但是無論怎樣，小紅就是不同意，她總說冠豪還是個孩子，而她已經 30 多歲了，不是個好的結婚對象。但是冠豪那麼認真，他說他永遠不會忘記那年夏天那支冰淇淋的記憶，在這個世界上，會這樣哄他的，除了媽媽就只有小紅了。他說他有一顆希望像小紅曾經照顧自己一樣去照顧她一生的心，但是現在只差一個她應允的機會。時光倒回到 10 年前，那是一個很美好的夏天。

　　人人都認為冠豪是一個幸福的孩子，至少在他 9 歲之前是這樣的。然而幸福似乎從來不會太長，9 歲那年，父母因為一場車禍雙雙離他而去。從那時開始，冠豪變得不再愛說話，和奶奶住在一起的日子，他常常會莫名其妙地一個人待著。大家都說孩子還小應該沒事，長大就沒事了，但是這種狀況維持了一年。

　　一年之後的夏季，某天奶奶帶著冠豪來到鄰居家，說是鄰居家的孫女考上了大學，而且還是一所頂尖大學。來祝賀的人很多，小小的冠豪依偎在奶奶的懷裡也不說話，眨著一雙大眼睛看著那個被大家團團圍住的女孩。有一天，冠豪和幾個小朋友玩遊戲，被其他小朋友推了一把，然後就哭了起來，一直到其他人都散去了，他還是哭個不停。突然之間他感覺自己的左

肩被輕輕地抓住了，然後就有人俯在耳邊對他說：「小冠豪乖，不哭噢。」他抬頭一看，原來是那個姐姐，可是他臉上的淚水依然止不住。「姐姐買糖果給你好不好？」見冠豪不說話，她又接著問：「不然，冰淇淋好嗎？」然後冠豪抬起那張滿是淚水的臉，笑著說：「好，我要綠豆的。」

　　之後的幾天，冠豪都會吃到那種綠豆冰淇淋，並且知道了那個姐姐叫小紅。有天小紅遞給冠豪一個綠豆冰淇淋後說：「走，我們去看電影吧，我有票。」然後兩人就興高采烈地走向電影院。有一次冠豪挽著小紅的手臂說：「姐姐，等我長大了就娶你！」小紅用指尖輕輕點了一下冠豪可愛的臉蛋，「這麼小就胡思亂想，我可是你姐姐！比你大整整 10 歲呢。不要亂想了，知道嗎？」冠豪瞇著眼睛笑，自從父母雙亡之後，這是多麼難得的一次燦爛笑靨。從那個時候起冠豪就在心裡暗暗告訴自己，長大後要照顧小紅一輩了。但是從第二天開始他就再也沒見過小紅，聽奶奶說她去臺北上大學了。

　　幾年之後，他們又再次重逢了，在一個街道的拐角處，冠豪正和幾個同學走在回家的路上，他看到小紅穿著一襲白色連衣裙緩緩走來。她朝他笑，說：「我們家冠豪越長越好看了，都這麼高了！」那年冠豪 14 歲，小紅 24 歲，但是她的身邊還有一個英俊高大的男了。時間又過去了 6 年，冠豪在這期間一直聽說小紅不斷地交男朋友，然後失戀，每次失戀，小紅都會回家，看見冠豪又會高興地笑，因為冠豪每次都會說：「要是我，

就永遠不會讓你失戀。」兩年之後，冠豪 22 歲，當他再次向小紅求婚的時候，小紅已經 32 歲了，她最終決定要為自己的幸福賭一次，因為她知道，綠豆冰淇淋的愛，延續的不僅僅是冠豪父母的愛，還有她曾給予他的愛。

一個從小擁有父母關愛的孩子，突然之間什麼都沒有了，那份可以安撫他的關愛也隨之一去不復返。當有一天，再次遇見類似的愛時，小小的冠豪愛上了這種關愛，並且渴求一輩子擁有。以前當他哭鬧、焦慮的時候，父母會給他安撫，母親會用他愛吃的綠豆冰淇淋來逗他，在他的大腦神經中已經開始懂得如何建舒緩情緒，綠豆冰淇淋就是母親的愛的標誌。然而當它們一起消失之後，他又重新遇見了這樣一個能夠給予他類似的愛的標誌，讓他久久不能平復的、焦慮的心漸漸平息下來，這就是一種極有效的心靈慰藉。已經失去過一次，而一旦再次得到就再也不願讓其離開，這也許就是冠豪如此執著的原因吧。

其實，愛一個人，有的時候真的不單單是愛人本身，而是這個人身上有你一直尋覓而不可得的特質，這種特質可以撫慰你曾經的傷痛，滿足你最初心理依戀的依賴感。因此愛情也可以是某種愛的傳遞。

▌外表的「偏見」

嫣然和牧偉是在大學畢業典禮上認識的，人家都說「畢業即分手」，但是他們竟是在畢業的那一刻選擇了在一起。從牧偉開始追求嫣然的那天起，到正式確定戀愛關係，再到如今兩人準備結婚已經四年了。朋友們都不明白，在那個大家紛紛選擇分手的季節，一見鍾情並牽起手的他們竟然走到了最後。

婚禮上，面對眾多親朋好友的祝福，激動萬分的牧偉解開了大家長久以來的疑惑。牧偉說，論美貌其實在場還有很多比嫣然更漂亮的美女，之所以會對她情有獨鍾，是因為她的外貌像極了一個人。這個人就是他曾經暗戀了五年的女孩，從高一開始到大二，他始終堅守單身，希望有一天上天會給他一個表白的機會，朋友們都笑他傻，他不理。畢業典禮那天，牧偉一進門就被那個坐在角落裡的女孩吸引了，他一時欣喜，真的以為是自己那位連做夢都想告白的暗戀對象。她的神態、那眉宇間的憂傷真的像極了她，高中的時候，她也是常常獨自坐在教室的一角，眉頭緊皺著看書。那個時候，他的眼前似乎又再次上演了這幅畫面，令他怦然心動。

但是清醒之後不免覺得可笑，主動搭訕之後，牧偉向那個女孩要了聯繫方式，並互相自我介紹，他才知道，這個女孩有個很好聽的名字：嫣然。典禮結束之後，大家各奔東西，也就

是這個時候，牧偉開始追求嫣然，他認為這就是上天送給他的暗示，他再也不願失去這次機會了。於是他留在了嫣然所在的縣市，並與嫣然保持著緊密的聯繫，每當她需要什麼幫助，他總是會第一時間趕到她的面前。時間久了，他發現，原來這個人早就住進了他的心裡，曾經暗戀的那個人或許只是給他一個指引，然後他就真的這樣找到了自己的真愛。

有人做過一些相關的實驗。在一個學期裡，實驗者讓某些女大學生在某些課堂上按照某種頻率出現，並且出現時並不與他人交談，只是靜靜地坐在那裡。到學期末的時候，這些女生的照片被拿給上過同一堂課的學生們傳閱，結果顯示，學生更加喜歡並覺得有親和感的是那些出現頻率最高的女生，也就是說，面熟的人更加具有吸引力。但是就牧偉的情況來看，又是其中的一種特殊的情形，由於自己曾經暗戀的女孩的模樣，隨著時間的推移，已經在他的心裡烙下了印痕，也可以說是先入為主，他覺得只有這樣的外貌才會帶給他一種愛的感覺，重新品味那種令人怦然心動的青澀之戀的美好。於是，當在茫茫人海「再次遇見」這張臉時，他便深深迷戀住了，並對帶有這張類似面孔的人予以特別的關注。然後在接下來的不斷接觸中發現了對方身上類似的甚至更多的優點，愛便油然而生。

有人說，這個世界上根本就沒有一見鍾情的愛情，真正的愛情其實是日久生情。這種說法也不無道理，之所以會一見鍾情，多數人是因為眼前的人與自己想像中的另一半有著驚人的

相似，覺得哪裡都符合標準。想想看，若不是早在心中有了一個「標準」，又怎麼知道眼前之人就是心中期待之人呢？但是隨著現代愛情觀的逐漸改變，外貌對很多人來說已經不再那麼重要，人們更多崇尚的是一種感覺，一種在相處互動的過程中摩擦出的激烈感覺，然而在愛情最初開始的地方還是需要一些親和感、一些熟悉的味道的。

▍相似性吸引力

有一家不大的相親會館，它有一個很吸引人的名字 —— 心靈驛站。大多數人第一次都搞不清楚狀況，但是，來過一次的人，尤其是單身人士，都認為在這裡確實可以為自己的心靈找到休息的場所。來到這裡的男女，需要在註冊單上填寫個人相關的資料，倒不是姓名、聯繫方式之類的，而是比如性格內向還是外向、業餘時間喜歡做的事情、喜歡聽的音樂、愛好讀書者喜歡讀的書的類型等訊息。另外，前來登記的人都要回答一道測試題，其中有這樣一道題：「有天，當你在懸崖邊遇見三個需要救援的人時，一個是你連做夢都想要報答的恩人、一個是曾經傷害你的人，還有一個是你要好的朋友，但是你只能救兩個人，必須要捨棄一個。那麼，你會救誰，又會捨棄誰？」

這家相親會館，並不是真正幫助人來相親的，而是抓準了

人們在心靈上追求契合的特質，推薦一些興趣愛好相同或相似的人的資料，很多單身者就被與自己有著驚人相似點的異性所吸引，於是慢慢開始聯繫並進一步了解對方，尤其是最後一道測試題做出相同選擇的對象，最後走到一起的可能性是最大的。

傑克和麥莉就是在這裡結識並最終步入婚姻的殿堂的。起初，傑克只是路過，看見這個標有「心靈驛站」的小屋頗感興趣。走進去之後，便被它的屋內設計以及那別出心裁的理念所吸引，並且自己也一直追求著這種心靈上的共鳴。於是單身的他就決定在這裡留下自己的資料，當然他也像其他的登記者一樣，沒有留下姓名。他做的測試題就是上文所提到的題目，並認真地寫下了他的回答：我會救有恩於我和那個曾經傷害過我的人，捨棄我的朋友。不久後這裡的工作人員聯繫了他，並為他推薦了一位和他的回答一模一樣的女子，這位女子便是他後來的妻子麥莉。

在堪薩斯州立大學有過這樣一項研究：研究人員要求 13 名男子擠在一個模擬的空間內並共同相處 10 天，在這 10 天內有專門的實驗人員不斷地考核每個人對彼此的看法。結果發現，越是相似點多的人，彼此相處得越是融洽，而那些幾乎沒有相似點的人們看彼此什麼都不順眼。在密西根大學也有一項研究，自願參與研究的人假如可以和不認識的人交朋友，便可以免費住宿。結果顯示，到學期末，在這些參與者中間最為要好的朋友就是與他們最為相像的室友。而在普渡大學，研究人員

則故意將一些社會或政治觀點不同的男男女女安排在一起約會相處，後來不歡而散的正是那些觀點截然不同的人們，而觀點相近或相同的則相談甚歡。

　　這些實驗都表明了一個道理，那就是相似性所造成的吸引力是巨大的，兩人最初的往來，絕大多數是因為對方身上有與自己相近的某種特質，那些有著相似的背景、生活習性、個性、處世態度的人們更有可能願意彼此往來，相似處越多，就越喜歡彼此，並且相似性也有利於減少相處過程中出現的摩擦。尤其是當對待同一件事情，雙方的意見完全一致時，相互欣賞與喜歡的程度會越深。

▍一個關於情感依附關係的實驗

　　有一組實驗是這樣的：先把母親與嬰兒引入一間有玩具的房間，然後觀察在母親離開之後再返回這段過程中嬰兒的反應。

　　第一對母子，當母親放下他想要離開時，這個嬰兒看見母親離去表現出不快，並做出挽留狀。但是在母親離開之後，他會玩自己的玩具，當母親回來時他張開雙臂，期望得到母親的擁抱，這時候把他放下來，他會繼續玩玩具。專家稱這樣的嬰兒長大後在戀愛的關係中會表現出極好的一面，理解並包容對方的不足，懂得尊重、易相處，並隨時滿足戀人需要的自我空間。

　　第二對母子，母親離開時嬰兒並沒有什麼反應，稍稍有焦慮情緒卻不會輕易表現出來，這其實與母子倆平時的相處之道有很大的關係，他已經學會了不在母親那裡獲得長期陪伴。專家稱這類人長大後在戀愛中多會表現冷漠，明明內心很需要，但是不知道該怎樣透過言語交流表達出來，多數會透過網路或其他的途徑尋得知己。

　　第三對母子，當母親離開時，嬰兒哭鬧不止，待母親返回時會攻擊母親，很久之後才會獲得平靜，然後在母親的陪伴下玩耍並會不時地看母親，生怕她再次離去。專家認為這類嬰兒沒有安全感，且極易焦慮。以後在戀愛中也很難給對方所需的個人空間，並且難以維持單身，往往會自食苦果。

　　第四對母子，當母親離開時，嬰兒表現出慌亂無措，待母親回來後依然表現茫然，時而會張開雙臂希望得到擁抱，同時卻又倒退不願被接近，這是因為，嬰兒依附的對象既是他快樂的泉源，也是造成他痛苦的根源，於是對母親表現出愛恨交織的情感。這種類型的戀人在相處中甜蜜與痛苦參半，在分手的時候往往會做出一些傻事。

　　心理學家根據多年的實驗研究得出結論：母嬰關係其實與戀人關係有著異曲同工之妙，它們之間有著驚人的相似。曾經有人稱，一旦兩個人相愛，心理年齡會立即降到三歲之下，類似於父女或母子關係，即在一起的時候，會產生一種心理上的極大滿

足，一旦分離，就會造成「分離焦慮」情緒，那種渴望「被無條件接納」以及希望自己是「最被重視的」的心理需求沒有得到滿足，類似於嬰兒在看見母親離自己而去的時候所產生的情緒。

由此，心理學專家根據這個實驗，將戀人之間的關係劃分為以下幾個類型：第一對母子的表現被稱為安全型依附關係；第二對母子被稱為迴避型依附關係；第三對母子被稱為焦慮型依附關係；第四對母子被稱為混亂型依附關係。其中最理想的是安全型的戀人，因為懂得諒解、包容、尊重，就容易相處，也是這四種關係類型中最適合當伴侶的人。

因此，長大後的孩子在戀愛中會與對方建立起一種什麼樣的關係，其實是與其小時候接受的父母的情感對待方式有很大連繫。

父母對於孩子的教育，尤其是在前三年的教育方式將直接影響到孩子之後的行為及思考方式。心理學家指出，正確的對待方式是「疏導」，而不是「圍堵」。也就是說，當孩子遭受情感波折，譬如心愛的玩具被別人搶走了，孩子哭泣不止，媽媽抱起他來哄道：「不哭不哭啊，媽媽也知道你很難受，因為媽媽以前也有一個心愛的玩具熊被其他小朋友拿走了⋯⋯」但是父親如果看不下去，對著哭泣的孩子一通訓斥：「哭什麼哭！不就是一個玩具嗎？再買就是了。」這樣，媽媽所做的就是情感「疏導」，而爸爸所做的就是情感「圍堵」。長期接受情感「圍堵」的孩子，長大後在戀愛中就很難與對方建立起安全型依附關係。

1,000塊拼圖裡的眞愛
—— 安全型戀人讓你更幸福

　　在他與她交往的第三年，她決定離開他，而且要離開兩人所在的這座城市 —— 出國。他沒有說一句挽留的話，也沒有問她為什麼要離開，只是在機場為她送行時，他送給了她一幅拼圖。他說：「這不是一般的拼圖，它有整整 1,000 塊，我並不是要你一次就完成，而是在你想起我的時候拼一塊。當你拼完的時候，如果想回來，那麼我還在原地等你，如果你不想回來，那我祝福你。」他說這些話的時候已是滿眼淚水，她微微動了動嘴角，卻沒有說什麼，然後帶著這幅拼圖走了。

　　在離開他的那段時間裡，她偶爾會打電話、傳訊息、發幾封郵件給他，兩個人的關係是那麼淡。他從來不問她什麼時候回來，她也不主動說，他只是在海的另一邊望著遠方的她。

　　她在國外的第一年，在富士山看櫻花。她告訴他拼圖才拼了 150 塊，因為櫻花實在太美，讓她無法把時間留給他；她在國外的第二年，白宮的大街上、小路邊常常會有她消瘦的倩影，緩慢的步調讓她的心也漸漸緩慢了下來，她開始想他了，拼圖拼到了 480 塊；第三年，她記起那座柔美的康橋，於是決定去那裡，康橋的味道帶著濃濃的惜別之情，她的大眼睛也跟著溼潤起來，這一年，拼圖拼到了 819 塊。

　　而他一直在等著她，朋友們都勸他別再等下去了，認真地再談一場戀愛。但是他說不，因為他始終相信他會等到她。

　　到了第四年，電話、訊息都不再有，郵件也沒有了，因為她回來了，並且成為了他的妻子。朋友們都很驚訝，曾經那麼決斷的她怎麼就回來當了他的妻子？她笑著指著家裡客廳中的一幅畫，「就是因為它。」遠遠看去那幅畫並沒有什麼特別的地方，只是用許許多多的小塊拼湊起來的，而且看上去還灰濛濛的，已經失去它原有的意境。朋友自然很不解，「有什麼特別的地方嗎？」她指著畫的右下角處 —— 有一個「愛」字，中間有一顆心，鮮豔、光亮、嶄新的。原來，那年她在拼到第 999 塊的時候，忽然之間就愣住了，沒有第 1,000 塊，這幅拼圖是無法完成的，她想起那天在機場他所說過的話，明白了一切。然後她決定回來，讓那顆留在他那裡的「心」回到它最佳的位置，補齊這幅拼圖，成全那顆心，成全他們之間的愛情。

　　她無疑是幸運的，因為他是懂得愛的人。她需要空間，他成全她，任由她離開自己三、四年，並且始終相信等她得到了需要的空間以後，她會更加渴望親密感，她會自己回來。面對她的離開，他怎麼會不想挽留、怎麼會不想知道為什麼？不是他沒有情緒，只是他知道該怎麼去處理。他懂事地給她空間，理解她的需求，即使她過分地只考慮著自己的感受，他也會繼續愛著她，他的寬容與理解醫治了她的傷。

　　兩個人在一起相處，最忌諱的就是相持不下；一個需要空間，一個需要親密感，雙方不管青紅皂白，也不管對方需要什麼，先滿足了自己再說。因此，遇到一個能夠理解自己的人是多麼幸運。

　　故事裡的他就是典型的安全型戀人，當周圍的人都覺得她已經不值得等待、不值得愛了的時候，但在他心裡，她還是一樣值得。即使在她不理他、生他氣的時候，他還是一樣繼續愛她。這樣的戀人會讓對方感覺到被重視、被尊重，並且很有安全感，他的心裡有很清晰的界線，在他面前，她可以完全做她自己，而不需要做任何改變，因為他不會要求。如此，愛只會越來越多、越來越滿。

▍冷漠，不會表達的愛 —— 迴避型戀人給的傷

　　在外人眼裡，她很堅強、很大方，工作中的人際關係與社會上的波濤洶湧絲毫不會影響到她那顆柔軟的心。她說：「因為我的心不在那。」是的，她的心已經被她的丈夫填滿了，怎麼還會在意那些呢？但是她經常流淚。他是個大大咧咧的男人，不夠細心，可是凡事又百般挑剔。生活中似乎除了指責妻子菜太鹹、太油了，再沒有什麼可說的。有時候家裡稍微亂了一點，他就開始不停地收拾，並且還會狠狠念她幾句。這個時候，她

除了委屈地流淚，別無選擇，有時候也會和他爭吵，但是每次都會引來他更加洶湧的狂風暴雨般的怒罵。

男人總是冷漠的，下班回到家很少會看上她一眼，甚至連句寒暄的話都不會說。他的工作經常有一些應酬，他反而喜歡，像是滿腔的煩悶終於可以有了發洩點，起初他還有點放不開，但是後來他也漸漸習慣，並常常深夜不歸。每做成一單生意，他也會像小孩子一樣歡欣鼓舞，喜笑顏開，但是酒醒後就像什麼都沒有發生一般。

她覺得自己的一生也許就要在這樣的環境下度過了，誰讓她那麼愛他呢？當初結婚的時候，明明知道他的挑剔、明明知道他的變化無常與冷漠。可她還是義無反顧地嫁給他。也因為她知道他的好，即使那麼少，但是只要有，她就滿足了。

然而事情還是無法預料，她在一個雨天出門為即將下班的他送傘，過馬路的時候不小心踩到了一個小坑，然後摔倒了。這一摔，她就再也沒起來。他趕到醫院的時候，醫生告訴他：「你的太太腦充血，搶救過來也只能是植物人了。」他愣住了，站在那裡一動也不動，「她有高血壓，我怎麼都不知道？」後來他把她接回家，工作也辭了，一心一意在家照看這個他大半生都沒正眼看過的女人。某天清早，當他一如既往地早起呼喊她的名字，卻聽不到她響亮的回應時，廚房裡再也沒有她為他做好的便當時，眼淚在瞬間模糊了他的眼睛，他這才知道自己失去的到底是什麼。

　　故事裡的他，在愛情裡扮演的是迴避型戀人的角色，在婚姻關係裡面，他是典型的逃避者，不敢面對真實的情感、真實的情緒，並且也不知道要如何理解對方的情緒，脾氣暴躁，永遠是一副拒人於千里之外的樣子，令人很難有親近感。面對為自己百般付出的愛人，明明已經很在乎、很感動，卻還要擺出一副虛假的高姿態，不願意去表達自己的情感，培養親密感。然而在喝酒之後又是另一番模樣，這就很讓人懷疑，他一貫的冷漠是不是裝出來的？他用冷漠的外表掩蓋了內心最需要的東西，或者習慣了冷漠的他，連自己也不再知道心裡究竟需要的是什麼了。

　　心理學家分析，這類人其實很缺乏安全感，他內心需要的東西其實很多，卻不願去正視，只用一種不正常的方式來「滿足」。他覺得這個世界上只有自己是最可靠的，他寧願相信自己，也不願嘗試著去相信別人，他把自己包裝得像個萬能機器，「人人都不可靠，所以要學會保護自己，不給別人傷害自己的機會。」殊不知，這已經在不知不覺中徹底傷害了他自己和最愛他的人。當某天愛遠離了，他便開始徬徨、失措，然後才後悔莫及。

　　迴避型的戀人最怕的就是平常一直圍繞著自己的愛突然之間消失不見，這會是對他的致命打擊，使他變得更加無助，以前他以為最重要的是不給對方傷害自己的機會，並且始終保持著一顆虛假的自尊心，即使感動、即使有愛也不會流露任何情

感。而一旦失去之後就完全是兩個人，卸下最初的保護殼。因此，迴避型的戀人很難給另一半充分的幸福感，當然，如果另一半懂得與之相處的技巧，幸福也不是不可能擁有的。

▌愛，不要抓得太緊
▌—— 焦慮型戀人愛到幾分才適合

　　7 月的天空烈日炎炎。男人很早就來到了公司所在的市區，距離開會的時間還有 50 多分鐘，他不想這麼早就把自己丟進工作中，於是決定到處走走，打發一下這段時間，也好放鬆緊繃的心情放。沿著路邊的樹蔭，他走到了一家美髮店門口，抬頭看了看，又用手撥了撥額頭上的碎髮，走了進去。就是在這裡，他遇見了她。

　　店裡的生意很好，他坐在那裡很久都沒有人過來招呼他，後來她出來了，並親自為他服務。

　　她的出現，讓他感覺瞬間清醒，他在那一刻甚至覺得這也許就是他一直在尋找的「綠蔭」。不知不覺中，他們聊了起來，於是便相互有了一些了解。原來，她是這家店的老闆。聽了他的一些事情以後，她不禁對眼前的這個男人有了點不一樣的感覺。就是這麼短暫的一次相遇，他們竟像相識多年的好友。之後，男人便經常去光顧她的店，相處久了兩人便熟絡起來，後

來他們相愛了。

　　剛開始時，她沒想過要他給一個什麼結果，只當談一場戀愛算了。可時間久了，她發覺自己已經完全陷進去，並且男人那麼優秀，每天在公司裡都有很多女同事圍著他轉，每次應酬的時候總是有很多接觸美女的機會，她怕時間久了，他就不再屬於她。於是她有了和男人結婚的打算，就對男人說想和他結婚，男人自然很吃驚，自己的事業才剛有點起色，再說結婚也不是一件小事。看到男人猶豫了，她便開始哭鬧，她說她很在意他，除了他，她什麼都不在乎，這一生只在意他一個。

　　男人從此活在她的在乎中，她留心男人的一舉一動，每次出門前都要問好幾遍男人的行程表，然後等男人給出一個確定的回家時間才肯放他出門；晚上男人要是沒有準時回來，她一定會一直打電話；白天工作的時候，她會在突然想他的時候打電話給他，要是他沒接，她就開始胡思亂想，甚至懷疑他是不是在公司和哪個美女在一起；等到男人回家之後，兩人就開始爭吵……幾次之後，男人再也忍受不了了，最初的感覺消失不見了，男人越來越不想回家，越來越不想見到她，幾個星期之後，他向她提出了分手。

　　她的愛，起初是幸福，有甜蜜有酸澀。但是最後竟變成了一種約束、一種壓迫。

　　因為害怕失去他，所以她才開始那麼緊緊地抓住他不放。

他那麼好，身邊的美女又不斷，她擔心他早晚會被別人搶走，於是越是在意就抓得越緊，她以為這樣，男人就可以被她牢牢地抓在手裡，但是殊不知，這樣只會讓他距離自己越來越遠。故事裡的她顯然是屬於焦慮型戀人，越愛就抓得越緊，只有和他在一起才覺得安全，而覺得不安全的時候就不斷地追、不斷地抓，情緒起伏異常激烈。

有人說過，愛一個人九分才是恰到好處，因為剩下的一分要留給自己；還有人說，愛要六分醉、七分飽，八分都過剩。那麼究竟幾分的愛才最好呢？這是一個難以被破解的謎，更沒有一個可供參考的統一答案。因為愛是兩個人的事，兩個人共同的付出才是一份完整的愛。付出與收穫也往往無法成正比，相處的過程中，雙方的相處模式也需要一段時間的磨合，彼此適合才能真正走下去。一個需要自我空間的人，倘若被對方死死地黏著、管著，恐怕再能忍受的人都會有爆發的一天。

因此，對於焦慮型的戀人，心理學家認為他們首先應該提高自己的存在感、增強自信心，不能總是想著「別人都比我好」，不能因為自身缺乏安全感，而去過分依附、依戀另一個人，否則只會迷失了最真實的自己，在愛情裡成為受傷的羔羊。

從不敢到勇敢，都是痛苦
── 混亂型戀人該何去何從

　　她曾經是學校裡最美的女孩，成績也出類拔萃。從師大畢業之後，她選擇到一座小鎮裡僅有的一所國中去當音樂老師。在那個時候的那座小鎮裡，這算是一個不小的**轟動**，於是她順理成章地成了眾多單身男子心儀的對象，其中也不乏才貌雙全的男子，並且家庭背景也不錯。但是孤傲、完美主義的她誰也看不上，因為這麼多年來，以學業為重的她已經漸漸養成了特立獨行的習慣。還有一個最主要的原因就是，她曾經在剛上大學時結識過一個男生，那是她第一次決定好好談一場戀愛，並且是真的很喜歡他。但是關係維持不到一個月，兩人就結束了，男生覺得她太獨立，她的世界也許根本就不需要他。分手是男生提出的，她的自尊心受到了嚴重的打擊，在家裡整整哭了一個月，發誓從此再也不談戀愛了。

　　後來也有很多追求者，但都被她拒之門外。她用似乎波瀾不驚的外表掩蓋了極為脆弱的內心，每次都像是搖搖欲墜的一片樹葉，面臨即將掉落的危險，但是她一次又一次地挺了過來。她覺得如果接受了愛情，自己會比現在痛苦一百倍。但是上天不會讓一切都這麼簡單。那天她和最要好的朋友吵架了，兩人互相刪了好友。她很難過，夜深人靜的時候感覺自己很失敗，心底有太多太多的話想要傾吐。她拿著手機，翻開通訊

錄，一個一個地找，希望找一個能交心的人說說話，哪怕這個人並不了解她也沒關係，最後手指在一個名字上停住了 —— 一名只有一面之緣的小男生。她一條一條地發著訊息，每一條都是滿滿的文字，那一晚，他們聊了很多，他回覆了並且很認真地安慰她，這是她沒有預料到的。

此後，兩人經常聯繫。她一有心事就會向他傾訴，他總是很能理解她並且會恰到好處地給出安慰，有的時候，似乎還有那麼一點心疼她。她心動了，太久沒有這樣的感覺了，或者說不敢，而對他，她卻一點都不設防備，她本來以為一個比自己還小的小男孩是不會怎樣的，但是，最後他們相愛了。她一直假裝堅強的心在他面前終於軟弱下來，她一貫的驕傲與自尊在他面前也全部不復存在，從此像變了一個人，他的一舉一動都會牽動她的心，她的情緒也會跟著他變化。時間長了，他的壓力劇增，他像一塊鋼鐵被她緊緊地吸著，喘不過氣來。事實真的如她曾經認為的，現在的她雖然有了很多甜蜜，但是痛苦也在逐漸加倍，日復一日。

心理學家認為，混亂型的戀人多半都是從小就受了太多的傷，不知道該怎麼生活；或者是遭受過一段不為人知的傷痛，後來變得不敢愛、恐懼愛，永遠與人保持距離，以此來達到自我保護的目的。但是這樣的人不會永遠拒絕下去，因為逞強太久，所以內心比誰都渴望得到依靠，因此一旦接受了一份愛，就會愛得死去活來，對方會成為自己生活的全部，覺得自己是

為對方而存在，沒有了對方，生命也就沒有了意義。在這樣的愛情裡，對方會被愛包裹得緊緊的，有種窒息的感覺，甚至痛苦多於甜蜜，長期下來，也很難有好的結局。

故事裡的她就屬於混亂型戀人。她從之前的不敢愛，到後來的勇敢愛，其實在這過程中所需要的勇氣只有自己才知道。過去因為不敢愛而獨自承受單身的痛苦，而後來有了另一半，卻依然痛苦。人們或許會產生疑問，這樣的戀情會長久嗎？答案是否定的，因為她不肯做任何改變，假如分手，她會遭受更大的傷。

人的一生並不是只有愛情、只有戀人，因此，可以將愛情視為生活的重要部分，但不要是全部。混亂型戀人在愛情裡受的傷會比一般人多很多，關鍵就是將對方看得太重，覺得對方只屬於自己一個人，是自己活著的支柱點，這樣對方早晚會因為承受不了壓力而選擇離開。所以要放過自己，將目光放遠，不要只局限在自身的快樂與憂傷裡，讓自己擁有更多的興趣，培養更多的精神支柱，淡忘曾經的傷，記住並感恩地看待當下所擁有的一切。溫暖而不熱烈，淡漠而不冷漠。

▍和誰在一起才會幸福

那個時候他們剛開始談戀愛，她是個注重細節的女孩，在意心情、在意感覺，稍稍有點被忽視就會陷入深深的漩渦之中

無法自拔。他的呵護、疼愛、體貼是她快樂的泉源，也是她痛苦的根本。正因為如此敏感，她才會覺得眼前的人有的時候瞬息萬變、捉摸不透，於是他在無形中左右著她的心情、她的情緒，甚至在痛苦的時候，她會認為他從來都沒有給過她幸福。

可是日子一直在繼續過，他無法給她富足的生活，他不高也不帥，更不是什麼才子。但是，他會在調薪、升職時開心地帶她去吃大餐；天冷時，他會在人群中緊緊地握住她的小手，並肩行走相互取暖；天熱了，他會體貼地交代她要多喝水；她生病了，他會向公司請假親自照顧她，直到她康復出院；她難過時，他會及時地送上安慰……這些對一個女孩來說是相當溫暖的。但是她還是很沒有安全感，常常會有莫名的失落感。畢竟一個男人在大多數時候還是粗心的。但是想想他的好，又讓她捨不得，於是面對他的求婚，她沒有辦法拒絕。

結婚以後，他們起初和他父母住在一起，因為無法很快和他的家人融入在一起，她的失落感越來越明顯了。但是每到吃飯時，他還是會把她喜歡吃的菜擺在離她最近的地方；朋友聚會的時候，他會坐在她的旁邊，幫她夾她喜歡吃的菜；在她與自己家人發生不快的時候，他也從來不會讓她為難……後來，他們有了自己的房子，但是依然並不富裕，家裡最值錢的只有那臺電視機了。每天兩人下班忙完之後就會依偎在一起看電視。他喜歡看比賽，她喜歡看電視劇；她看電視劇時，他會若無其事地待在一邊看報紙或書，他看比賽時，她也會靜靜地待

在一邊做自己的事。

但是有一段時間，電視機壞了，播放時畫面不清晰，還伴有「沙沙」的聲音。那晚剛好趕上決賽直播，他失去以往的穩重，竟然焦慮起來。她見狀放下手裡的書，將電視機上盒的天線調來調去。「好了！」她高興地說。「還是你厲害！」他興奮地說。她準備回去繼續看書，可是一鬆手，電視就又變回原樣，她就回去重新調好，一段時間以後，電視的畫面穩定下來了，他迫不及待地看著已經錯過了開頭的比賽，卻並沒有注意到一邊的妻子。比賽結束時，他高興地鼓掌叫好掌，「贏了！」正想和妻子分享心中的喜悅，卻見到妻子手裡扶著天線，眼睛已經快睜不開了。他鼓掌的聲音驚醒了妻子，於是手裡的天線「啪」地掉落在地上，電視的畫面又是一陣顫抖，發出「沙沙」的聲音。

很多年以後，他們有了更大的房子，孩子也長大成人，而那臺舊電視一直還保留著。那雙曾經為他扶著天線的手，一直都被他牢牢地牽在手裡。黃昏的時候，人們經常會見到一對影子在夕陽下緩緩行走，映襯著天邊的晚霞，溫馨而美好。

這是一對恩愛的夫妻，從戀愛時的痛苦甜蜜到最後的彼此滿足，平凡簡單的幸福在他們的身上展現得淋漓盡致。他們的幸福源於他們一直在一起，可是究竟和誰在一起才能真正地幸福呢？

　　那些在愛情中成功的人以及無數白頭到老的例子告訴我們，其實不管最終你和誰在一起，重要的還是要學會珍愛與釋放。或許一直匆忙的腳步，讓大家只顧著前進，而忽視了身邊細微的美好與感動。幸福其實很簡單，關鍵是有一顆體悟與感恩的心，一半珍愛對方、一半珍愛自己，接受的同時不忘付出。愛情不是一個人努力就可以的，需要雙方不斷地經營，適時地釋放自己的感情，勇於奉獻、相互體諒。幸福就是那杯微苦的咖啡，回味香醇，當一切都回歸平靜之後，才會發覺，原來幸福是如此簡單，簡單到被很多人忽略了一輩子。

第四編　守護感情的心理學

第十二章
怎樣去經營一份感情

　　如果你擁有了一份感情，有沒有想過怎麼樣才能令其更加美麗動人？感情需要經營，就像一株鮮花需要露水的滋潤、陽光的照耀一般，否則再嬌豔的鮮花也會有失去色彩的一天。感情不是一味地付出，也不是一味地接受，而是兩個人之間的互動。怎麼去經營你們的感情？一份完整的愛需要的是什麼？該摒棄的又有哪些呢？擁有愛不難，難就難在如何一直擁有它。本章有你不得不看的愛情小故事，不能不懂的愛情心理學。

▎愛的寓言

　　起初，上帝創造了人類，並教會了他們怎樣生存，以及怎樣延續自己的後代。然後上帝說：「你們在一起生活吧，一年之後，我再來看你們。」於是留給他們一塊土地、一把鏟子和一把種子就離開了。那一年，男人和女人都 22 歲。

　　一年的時間很快就過了，上帝和天使一起來到人間，他們看見男人和女人肩並肩靠在一起，身邊熟睡著一個可愛的嬰兒，映襯著田地裡面黃澄澄的莊稼，天使感到陶醉了，這是怎樣的一種美啊！上帝問天使：「你看見了什麼？」天使說：「我看見了愛情。」上帝很不滿，「但是最初我並沒有創造什麼愛情！人類太自作主張了！」發怒的上帝於是決定懲罰他們，我要讓他們開始自私，看看他們到最後還會不會這麼滿足。7 年之後，我會再來。」

　　七年過去了，這一年男人和女人已經 30 歲了。上帝和天使如期降臨人間，當年的嬰兒已經會跑步了，女人一邊挑菜一邊看著孩子幸福地微笑，她的身邊還有一個剛滿兩歲的女孩。男人剛從田地裡回來，脫下外套，蹲在妻子的面前，和她一起挑菜，時而抬頭溫柔地看著她。上帝說：「這是什麼？」天使回答：「這是諒解。」上帝再次不滿，怎麼會有諒解？人類不是自私的嗎？於是上帝決定更加嚴厲地處罰他們，「我要讓時間在他們的

身上留下印記，帶走他們的青春和體力，20 年之後，我會再回來。」

　　20 年之後，上帝果然又來了，這一次，他們看見那對年過半百的夫妻一起坐在門口有一句沒一句地聊著什麼，旁邊是一桌香噴噴的飯菜，年輕英俊的青年在田裡收割莊稼，他的妹妹則在一旁幫忙。那對夫妻不再像從前那樣有精神了，頭髮也白了，但是在他們的眼睛裡有一種更加令天使陶醉的東西。還沒等上帝發問，天使就說：「我在他們的眼裡看見了忠誠，但是我不知道這股力量來自哪裡。」

　　這一次上帝沒有很生氣，因為他看見了時光果然在他們的身上留下了印記。於是上帝很乾脆地說：「他們的時間並不多了，三年之後，我倒要看看，在生命的終結處，他們還擁有什麼！」於是三年後，當上帝再來的時候，男人獨自坐在山頭上，這時候的他已經白髮蒼蒼，而那個女人 —— 他的妻子就躺在他對面的那座小小的墳墓裡，上帝在他的眼睛裡看見了憂傷，但是除了憂傷，還有一種新的東西。於是上帝又轉身詢問天使，天使說：「記憶。」上帝無法明白，最終調頭離開。而就在不遠處，他又看見了一對青年男女，他們的眼裡有種熟悉的力量，這個時候，他才明白，人與人之間的那種微妙的感情 —— 愛情，究竟是什麼。

　　上帝創造了人，人在不知不覺中學會了愛，每一個階段都

充滿了考驗，真正能夠跨越那些困難的才是真的愛情。剛開始的時候，或許一切都是甜蜜的，雙方都沉浸於此，無法自拔。但是時間久了，各自的本性就漸漸表露出來，自私的人們開始只為自己著想，埋怨對方為什麼總是不顧及自己的感受，矛盾逐漸產生，再加上企圖改變對方的慾望越來越強烈，不同的要求不斷更新、增加，矛盾愈演愈烈，這也就是為什麼很多人都感嘆「婚姻是愛情的墳墓」的原因所在。

　　我們不妨將這個故事裡上帝一次次的發難視為愛情中的考驗，二十幾歲的時候，才剛踏入婚姻，面臨磨合期間的煎熬，也是一個人完成「完整之我」追尋的艱難歷程，上帝又讓人自私的本性在這個時期毫無保留地顯現出來，原先的甜蜜滋味驟然變成了酸澀苦味，甘願忍受、包容、堅持的戀人才能真正度過這一段；然後就是人們經常所說的「七年之癢」的考驗，只有相互理解並包容才能更好地面對生活中的壓力與疲憊，安全地度過這一階段，婚姻才會嘗到苦盡甘來的甜頭；暮年之時，儘管人已經老去，但是那顆互愛的心還緊緊依偎在一起，帶走青春的匆匆時光並沒有讓他們損失什麼，反而證明了一個亙古以來困惑了世人千百年的問題 —— 原來這就是愛情。

▍愛的智慧

　　一個在愛中心力交瘁的女子找到智者，並要求智者告訴她什麼才是愛。智者抬眼望著這位溫婉的女子以及她身邊來來往往的人，神情嚴肅道地：「這個世界上，愛恐怕是最難以說清楚的東西了。」

　　愛有的時候像柔軟的搖籃，有時候又暗藏利刃，一不小心就會傷害你；有充滿陽剛之氣的語調，也有嬌羞甜美的孩子氣；有的時候令人如癡如醉，有的時候又會狠狠地將你的美夢擊碎；會霸道地說「你是我的」，而更多的時候，往往說的是「我是你的」。愛在不知不覺中就深不見底，要想知道它究竟有多深，只有在離別的時候。

　　「那，相愛著的人們呢？」女子不甘心。

　　智者笑笑，愛像一座城堡，相愛的人走進去時，往往滿面桃花，而走出來時大多已經傷痕累累，沒有人知道他們在愛裡都經歷了什麼。

　　「我要如何讓我愛的人走近我呢？」

　　智者道：「保持自我、保留神祕。」

　　「但是還是不行呢？」

　　智者嘆道：「那就放棄他吧。」

「這樣我不就是永遠地失去了他嗎？」女子焦急地問道。

智者再次抬眼看著這位女子說：「不曾得到，又怎麼會是失去？何況，失與得並沒有明確的界限，失去或許就是另一種形式的得到也未可知。」

「我曾經很愛一個人，也和他一起生活了一段時間，但是他無法原諒我所犯下的錯誤，棄我而去。他說很愛我，但是我怎麼相信他是真的愛過我呢？」

智者說：「真正愛你的人並不一定就是那個可以百般包容你的人，因為他或許可以接受這個世界上所有的傷害，而唯獨不能承受他最愛的人的傷害。很多時候，刺你最深的人就是那個最愛你的人。」

「他拋棄了我，我至今還活在痛苦之中，請告訴我要怎樣才能逃離苦海？」女子含淚凝望著智者。

智者閉起了眼睛，嘆道：「天涯何處無芳草啊！」

「我做不到。」

智者搖搖頭，說：「那麼我可憐你，因為你已經在愛裡失去了自我。」

生活中這樣的例子比比皆是，對於一個並不懂愛的人來說，永遠都會有那麼一些疑問梗在心頭，簡單的問題往往變得越來越複雜，最後不斷糾結，像滾雪球一樣，越滾越大最後超越負荷。而對於懂得愛的人來說，愛就是再尋常不過的生活，簡單

即是美。

　　不要去費力地思索，對方為什麼昨天是那樣，而今天為何是這樣的。不要去管在愛情中誰付出的多、誰得到的少，因為愛是兩個人的事，有得到必有失去，也不要付出你全部的愛，要留下幾分給自己，一個連自己都不懂得疼愛的人，要怎樣去愛對方呢？傾盡全力去愛一個人的結果就是，當失去他時，你也失去了自己。

　　有人曾說，愛有多深，恨就有多深。對方傷害了你，你要以十倍的力氣去回敬，最後兩敗俱傷，曾經的愛人變成了敵人。這也許就是為什麼很多人認為，愛情與婚姻是完全不相同的原因之一吧，有愛並不一定能保全婚姻，即使有了婚姻也並不一定會永遠擁有對方。面對失去，有的人無法接受現實，甚至還會做出一些傻事，而有的人沒有愛情，也照樣過完一生。黑格爾（G. W. F. Hegel）曾說：「愛情就是你中有我，我中有你。」如此高雅，不受世俗束縛，但是它的發生與消亡也同樣不受人為控制。因此，一個懂得愛的人，必然有一顆簡單的心、一份寬容與諒解的胸懷、一種愛人愛己的聰慧、一股勇於坦然接受失去、勇於享受孤獨的勇氣。

最珍貴的財富

　　結婚時，他並沒有錢，但是他們都堅信，只要一起努力，就一定會創造出屬於自己的財富。於是，在雙方父母都不看好的情況下，兩個人舉行了簡單而溫馨的婚禮。婚禮的那天，女孩坐在男孩的面前，說：「假如以後我們面臨危機，互相感到厭倦或者是你很生我的氣，請把我送回娘家，答應我，這個時候，你要允許我帶走我認為最珍貴的東西。」男孩笑了，點點頭，心裡也暗暗發誓，他絕對不要那一天的到來，但是他還是記住了女孩的話。

　　結婚後兩人都努力地工作，不久之後，艱辛的付出就換得了回報，於是他們更加堅定了奮鬥的決心。接著他們就真的開始變得富裕了，搬進了舒適的大房子，歡聲笑語一直不減，因為他們的交友圈也在不斷地擴大。可是當他們獨自相處的時候，少了很多以前的甜蜜，反而會為了錢要怎麼花和花在什麼地方而爭吵不休。慢慢地由小吵小鬧變成嚴詞厲色，甚至大聲叫罵，相互用言語來傷害對方。

　　又是一次爭吵，他們因為舉行宴會時要訂哪家飯店以及飯菜的風格而爭執。男人大叫道：「你一點都不顧及我的感受，你一天到晚只想著怎麼省錢，有沒有考慮我在朋友面前也是要面子的！」女人瞪他，想要反駁，卻被男人接下來的話擋了回去，

「現在，你可以帶著你自己、你的珠寶首飾、你的漂亮衣服回娘家了。」女人臉色蒼白，咬了咬嘴唇，停頓了兩分鐘，然後平靜地說：「我可以走。但是必須過完今晚，宴會的客人們已經來了，就算是做做樣子吧。」

當天晚上，客人們一個接著一個地醉倒了，男人一個勁地喝，最後也醉得不省人事。女人回娘家了，帶走了她認為最珍貴的東西。

第二天清晨，男人醒過來，發現周圍有點不一樣，環視四周，見妻子推門進來。「這是哪裡？」他問她。「這是我的娘家，我帶著我最珍貴的東西回來了。」男人瞬間明白了什麼，起身擁住瘦小的妻子，眼淚落在她的髮間。晚上，他們一起回家了，重新開始過如往日一樣甜蜜的日子。

人們不得不承認，愛情是很現實的，婚姻更是現實中的現實。兩個白手起家的戀人不顧家人反對組成家庭，並最終經過打拚過上富足的生活。但是隨著時間的流逝，也許雙方把過多的精力放在了事業上，一心想要奮鬥、努力，忙於應酬交際的同時，雙方之間也少了很多溝通、了解的機會，長時間下去誤解就會產生，矛盾也會加劇。回首一起走過的日子，才會明白真正愛的人是無法用財富來衡量的，愛更不是順應邏輯發展的，渴望恆久擁有它的人，必須要時時刻刻懂得理解，及時發現它的細微變化。有人說，愛情需要追求，不是此時此刻你擁

有它了，它就會一直屬於你，愛要不斷地追求，需要兩個人用心去經營。

　　生活中，故事中的例子也不乏其數，生活畢竟是現實的，需要金錢保障，但是失去什麼都不能讓愛流走，只要還有愛，那對方就是你最珍貴的財富。爭吵不可避免，但千萬不要在最生氣的時候作決定，更加不要用言語來傷害對方，愛情讓相互珍愛的人們受用一生。

▎把付出當作一種享受

　　小周是個很帥氣的男孩子，一個很偶然的機會，他認識了現在的女友。交往了兩個多月，兩個人也漸漸確定了交往關係。再過兩個月就是女友的生日了，小周其實是個很有想法的男生，他希望自己陪女友過的第一個生日能給她一個難忘的記憶。想了很多天，他決定用自己省下來的錢為她買一份生日禮物。接下來的日子，他每天早上省掉了吃茶葉蛋的錢，每天中午省掉了一個便當的錢，晚上也省掉了一瓶可樂的錢。有的時候如果不是很餓，他還會省下更多的錢，每次看著自己慢慢累積下來的錢，他心裡就萬般甜蜜。女友有的時候會看見他自顧自地傻笑，便會問：「笑什麼呢？」這個時候，他總是會神祕地說：「不能說的祕密。」

　　兩個月很快過去了，女友的生日到了，這一天他向公司請了假。他心裡盤算著，用這一個多月省下來的再加上銀行裡的一些錢，應該夠了。於是專門跑去手機行為女友挑選了一款銀白色的新款手機。回來的路上，他想像著女友收到禮物時的反應：她一定會大聲歡呼，給我一個大大的擁抱。這時，他接到女友的電話，說她現在在一家餐廳，朋友們都來了。小周趕了過去，並當場就把禮物送給了女友。但是令他沒有想到的是，收到禮物的她並不是他想像中的樣了，只是淡淡地說了一句：「以後別亂花錢了噢。」然後就轉身繼續招呼朋友們了。小周的臉色立即變了，因為他沒辦法接受這種冷淡，這與他想像中的樣子實在相差太大。那天晚上兩人就大吵了一架，最後分手了。

　　俗話說，贈人玫瑰，手留餘香。愛情是需要付出的，這並不是說愛情帶有某種目的性。恰恰相反，無目的性才可以培養出真正的愛。一個人在愛中患得患失，總是期待著對方為自己付出，總是計較著誰付出的比較多、誰付出的比較少，或者是自己付出了一點，就持觀望的態度，等待著對方的回應，那麼的愛遲早是要消亡的。故事裡的小周不是不愛女友，只是他對愛抱有太高的期待。付出是一種過程，他在存錢的過程中不是也享受到了一種美好與甜蜜嗎？過分計較結果只會讓愛陷入無法挽回的境地。

　　從另一個角度來說，如果我們把愛對方當作一種很享受的過程，愛的人幸福、開心，自己也會跟著一起幸福開心起來。

在真愛面前，或許是不存在所謂的付出與回報的問題的，有的只是兩個人之間的互動，心存感恩地看待一切，心態也就會趨於平和。但是，在你認為自己為對方做出了犧牲，付出了很多的時候，有沒有考慮過，這些是不是對方所需要的，是不是能夠讓對方做出熱烈的回應呢？越是成熟的人，就越懂得付出愛，獲得的愛也就越圓滿。

因此，在愛情裡，把付出當作一種享受吧，與其苦苦等待著對方的回應，不如好好地享受這個過程。要知道，人心都是肉做的，你付出了，對方自然是看得見的，你總會得到你想要得到的幸福。

▎為愛插上信任的翅膀

小萱和雷諾結婚已經七年，很多人都說婚後七年之癢的坎很難過。朋友在一次聚會的時候，開玩笑說：「你們這對模範夫妻能順利過關嗎？」晚上雷諾回家，與小萱談起這個問題，她很平靜地反問：「你覺得會有什麼問題嗎？」「對於別人來說，七年或許真的是一道坎，但是我們的感情固若金湯，怎麼能這麼容易就瓦解了？」她幸福地鑽進了他的懷裡，她也對這份感情深信不疑。

幾個星期後，雷諾一個住宜蘭的朋友打來電話，沒說幾句

就開始埋怨他們不夠義氣，前幾天去宜蘭玩竟然不去找他。小萱有些愕然，「你怎麼知道的？」電話那頭笑得很狡猾，「我親眼看到你們在飯店門口擁抱，還接吻呢，這個難道可以騙你？別騙我啦！」她停頓了一分鐘，然後道歉。掛上電話之後，她的臉色變得十分慘白，一連串想法在腦子裡打轉，怪不得他出差這幾天電話這麼少，怪不得他一反常態帶了這麼多貴重物品給我，怪不得他……她已經不敢再想下去了，彷彿晴天霹靂，想起曾經在一起許下的那些山盟海誓，那些共同經歷過的艱辛，小萱淚如雨下。

那天雷諾不在家，小萱哭完之後，立即又恢復了以往的平靜，她是理智的，想想朋友的話，她決定找到真實的證據，到時候就算是分開也死心了。那晚雷諾回到家後，看見妻子將他曾經寫給她的 300 多封情書擺在床頭，他一邊打趣她還是小女生，一邊去浴室洗澡了，沒有說過多的話。小萱很失望。以後的日子，雷諾還是正常工作，似乎什麼也沒發生，而小萱每天除了悉心地照料著這個家，忙裡忙外，還開始留意起他的手機、身體、外套。後來她在他的手機裡發現了一個署名小慧的女人的簡訊內容也不是什麼特別肉麻的話，就是一些簡單的寒暄，有時候還有一些喃喃自語似的隻言片語，比如，「今天很開心，秋天似乎也快到了。」「落花有意，流水無情，誰是誰命中的過客？」等。她不語，心中卻是一陣糾結。她等著證據確鑿的那天，但是又恐懼愛情走到盡頭時的心痛。

　　這樣的日子持續了半個多月，那次打電話來的宜蘭朋友登門拜訪，吃午飯的時候，他故意用那種十分狡猾的語氣再次試探性地問起了宜蘭行。小萱低頭不語，想看看雷諾會怎麼作答。而令她驚訝的是，那個朋友還沒等誰開口回答，就笑了出來。雷諾在一邊得意地說：「你竟然做這種缺德事，我們好歹七年的感情，怎麼會這麼不堪一擊？」後來朋友終於說出了事情的真相。原來，那次雷諾的確是去宜蘭出差了，但是朋友在飯店門口看見他是假的，這樣和她說是因為朋友想知道他們的感情到底堅固到什麼程度。說完，朋友一邊道歉、一邊感慨：真是羨慕你們啊！

　　小萱的背一陣冷汗，釋然的同時，她也深感慚愧，不禁對自己這半個多月的心碎與猜疑羞愧起來。如果不是因為理智，她也許就失去了他。

　　一份真正的感情是經得起任何考驗的，七年之癢只是一個說法，是指大多數的夫妻在婚後的第七年，會出現一些很嚴重的問題，甚至因此而分開，俗稱「七年之癢」。但是，這些很大一部分都是心理作用，有的夫妻明明沒有什麼問題，在第七個年頭也會變得敏感起來，過度地去挑剔、猜疑、指責對方，反而打破了一貫的平靜生活。小萱無疑是個理智的女子，但是這也沒有避免她對雷諾的猜疑，看似深信不疑的愛情，其實兩個人都會受到外界的影響。

　　實際上，很多愛情、婚姻也許並沒有實質上的問題，卻總是因為雙方缺少了那麼一點信任，才讓愛失去了方向，上演了一幕幕分分合合、愛恨交織的悲劇。如果還有愛，那就讓信任與愛同在吧，為愛插上信任的翅膀，不需要過多的言語，它便會帶領你們飛往更加幸福的天堂。

▌偶爾說一些無關痛癢的善意謊言

　　相信很多人都認為，和自己最愛的那個人一起步入婚姻的殿堂，是一件令人一輩子都感激的事情。但是上天又很會開玩笑，往往那個可以共度一生的人，不是你曾經最愛的那個人，也不是那個最愛你的人，而是在適合的時間裡出現的最適合的那個人。欣月和小李的結合就像是上天的安排，在小李想結婚的年紀，欣月剛好出現。

　　婚後，欣月像很多妻子一樣，喜歡追問丈夫的過去。有天，她突然問起丈夫的初戀，小李眉頭一皺，表示不想說。但是欣月不屈不饒，她說她想把自己和初戀的故事說給他聽，所以小李也要說。小李想起那個曾經給過他青澀滋味的女孩，心間不禁泛起一絲酸澀，但還是掩蓋不了那股甜蜜。他忽然間也有了傾訴的衝動，於是他細細地講述了他和初戀的故事，從相識到相知再到相愛和最後的分開。小李只是沉浸在過往的回憶

中，全然忽略了一旁的欣月早已經淚眼婆娑。但是聽完之後，她並沒有和小李又吵又鬧，也沒有將自己的初戀故事說給丈夫聽，而是靜靜地睡了。

以後的生活依舊平靜，她也會偶爾問問丈夫，「我和她誰比較可愛？」「你們以前有沒有一起去過咖啡廳，像我們今天一樣？」「你還愛吃她買給你的糖葫蘆嗎？」每次小李都會說，「當然是我的欣月最可愛了！」「我和她才沒有和你一起浪漫呢。」「早就不喜歡吃了，現在最愛吃老婆做的菜，最好吃了！」然後欣月就會幸福地露出笑容。

20 年過去了，欣月和小李漸漸養成了在黃昏下散步的習慣，因為那昏黃的夕陽總是讓人產生一種時光錯覺，促使他們更加珍惜眼前的人。小李想起欣月說過的初戀的故事，於是再次問起來，一臉皺紋的欣月神祕地笑了，說：「我和他正在黃昏下散步呢，我們的故事很長、很長……」

兩個人的朝夕相處，其實就是兩顆不同的心、兩種不同思想的相互撞擊、磨合與相融，雙方相互理解、信任固然很重要，但是很多時候，幸福要用一顆真心來經營，謊言也是不可缺少的潤滑劑，毫無保留地將自己的心完完全全的給了對方，並不一定會得到最好的效果。生活中很多妻子都喜歡追根究柢，當得知事實真相，又會埋怨丈夫欺騙了自己，或者在心理上產生不平衡感。所以說在相處中，一些善意的謊言往往可以

避免不必要的麻煩，減少負面情緒的產生，也可以增進雙方的
感情，何樂而不為呢？

　　女人在乎自己丈夫的過去，更在乎自己在他眼裡的地位，
好聽的言語往往比什麼都能擄獲她的心，即使當時心裡並不
是那樣想的，只要出於善意，那就大膽地說吧！這個時候，最
忌諱沉默，你的絕口不提會讓人更加懷疑，如果你心裡還惦記
著以前的戀人；如果你還是會偶爾想起從前的歲月，那麼還是
暫時地忘記一會吧，告訴自己，眼前的人才是你一生最重要的
人，這樣比你老老實實地將心裡的話說出來好得多。

　　過去的事情就讓它消逝在歲月裡，選擇善意的謊言，無疑
是一種極為明智的理性做法，你的思想有多成熟，那你的謊言
就會有多善意，也許眼前的她已不如往昔美麗，但是你一句不
經意的讚美很可能就是她一天好心情的開始，甚至是一輩子幸
福的基礎。

如果愛，要表達出來

　　他和她結婚一年半，最近的半年裡小吵小鬧似乎變得越來
越多，有時候隔一天就會吵一次，他也發現了，於是每次吃飯
時總會下意識地將她喜歡吃的菜往她的碗裡夾，他希望用這種
方式來表達點什麼。她是敏感的，怎麼會不知道這其中的變化

呢？很早就想和他好好談談，或者是像戀愛時去看場電影，然後在回來的路上聊聊心裡話。可是日子一天一天過去，兩人誰都沒有先開口。

　　有天早上，她像往常一樣起床梳洗，準備上班，而他還是賴在床上不肯起來。她著急道：「快點起床去買早餐！」床上的他不耐煩地喊道：「不吃了，少吃一頓也不會餓死。」她依然催促著。他忽然大叫道：「你就只知道照鏡子，有時間早就可以買早餐了！」「我們說好的，你負責早餐、我負責晚餐，你別想要賴！」他們吵起來，結果他起身穿上衣服，沒有盥洗就出門了。她一把關上門，滿肚子的委屈無處發洩，於是就朝著不遠處的他喊道：「有本事晚上就別回來吃我煮的飯！」

　　下午回家時，她獨自坐在窗臺前，看著外面天色漸漸暗下去，等待著他的身影的出現，早上的怨氣早就消了，她也似乎早已經習慣了在這樣的時候等候歸家的他。想著他只不過是賴床了，自己有必要和他這樣爭吵嗎？於是她起身進了廚房，決定為他燉一鍋雞湯。

　　而他，自從早上出門一直心不在焉，他想打電話向她道歉，又擔心遭到她的冷言冷語。剛好晚上公司聚餐，他就去了，並且喝了很多酒，一直到深夜都沒回家。在家裡的她想打個電話讓他快點回來，又覺得這樣會讓他得意。到了凌晨，她躺在沙發上睡著了。外面的他，正騎著車趕往家裡，他腦子裡全是她

的影子，他想用最快的速度趕回家出現在她的面前。但是一輛大卡車在轉彎時從側面將他撞倒在地，瞬間，他血肉模糊。

接到電話的時候，她還在睡夢中。當噩耗傳來時，她癱倒在地，很久很久都沒有反應過來。

為他辦完葬禮，她和好友哭訴：「我沒有不想他回家吃飯的，我為他燉了雞湯一直在等他回來，我準備了好多好多話想要和他說，結婚這麼久，我們還沒有像婚前一樣說甜言蜜語給對方聽……」看著泣不成聲的她，好友想不出話來安慰她，只是拿出了那部警方交回的手機，指著螢幕讓她看，那是一則自動儲存於 20：19 的未發訊息：親愛的，我想回家吃飯。

這個世界上有多少人因為遲遲不肯把愛說出口，而錯失了相愛的機會，錯失了與親密伴侶相互溝通的時機，甚至是像故事中的他們，失去了終生的幸福。如果她早點打個電話給他，叫他回家吃飯，他或許就不會在外面喝悶酒，悲劇就不會發生；如果他勇敢地打個電話給她，或者將那則寫好的訊息傳出去，她肯定會像小孩一樣歡欣鼓舞，告訴他其實自己早就不生氣了，還燉了一鍋雞湯等著他回來。假如，他們在想和對方談談的時候沒有猶豫，及時地說出自己埋在心裡的愛，事情又或許是另一種模樣了。

身陷愛情中的人們似乎總是少了那麼一點點表達的勇氣，多了那麼一些羞怯，不要以為在一起時間久了，再說一些愛不

愛的話就顯得多麼肉麻，即使是老夫老妻了，也可以送玫瑰、手牽手、點蠟燭。要知道，有些愛需要行動證明，但有些愛是需要及時說出來的，發自肺腑用心與對方交流，而言語的表達也不可或缺。所以，如果你想表達愛的時候，請不要給自己多想的時間，勇敢地說出來吧，不要給愛留下遺憾。

▌ 低下頭，看見愛

　　爭吵的時候，她不會大聲講話，而是表現得異常冷靜，甚至會幾天幾夜地不理他，有的時候他會氣得槌牆，但就是捨不得打她一下，她很柔弱，他捨不得。冷戰後，每次都是他先開口和她說對不起，然後她就像是凱旋的大將軍，臉上洋溢著勝利後的得意。

　　他一直這樣慣著她，雖然她也知道他把她看得很重，但是在不知不覺中她已經習慣了這一切。後來，她遇見了一個可以買名牌香水和包包給她的男人，進出都有豪華的名車，她嘗到了一直沒有體會過的富足滋味，這是她一直想要的錦衣玉食和平凡中的刺激。

　　他發現這件事後，提出了分手，她還是異常地平靜。後來，她去找那個男人，要求他給自己一個名分，但是男人說自己是有家室的人，不能娶她。她冷冷地笑了，在一個無人的角

落裡，她抱頭痛哭。她知道自己走錯了路，她把最愛她的人無情地推開了，同時也將自己推進了萬丈深淵。哭累了，她突然很懷念他的懷抱，於是一直都不肯低頭的她，跑回家去找他，不為別的，只想在他面前親口說一聲對不起。但是那扇門已經封起來，她再也找不到他了。

幾年之後，在一個老友的婚禮上，她看見了那張熟悉的臉，只是比想像中蒼老了許多。後來她約他見面，站在他的面前，她似乎又是那個嬌小可人的女人了，只是這一次，她低下了頭，並輕輕地說出了那句埋在心裡多年的「對不起」。

幾個月之後，他們復合並結婚了。婚後的生活，他還是一樣地疼愛她，但是在爭吵後，她總是會先低下頭說對不起。然後兩人就感覺到滿滿的愛溢出來。

一種疼愛、一份寬容、一生不離不棄。曾經有人把愛比喻成一條橡皮筋，無論是誰先放手都會傷害到對方。

在愛裡如果摻進了慾望的水，它就會變質，失去原有的味道。他原先包容她是愛她，後來離開她也是愛她，最後決定和她結婚又何嘗不是愛她呢？但是愛是兩個人的事，需要兩個人共同的努力，一個人永遠不能讓它獲得圓滿。所以，愛是互相的，接受愛的時候，也別忘了給予，讓那個不斷付出的人也感受到你的愛。爭吵時，要懂得諒解，先低頭的一方，不是因為軟弱，而是愛得比較多，也更加懂得愛的含義。

▌如果你們是異地戀

　　小林和他是在公車上認識的，那時他剛進部隊一年，假日時去辦理證件。當時他們一起坐在最後一排，小林馬上被他吸引，便不顧矜持，向他要了電話。後來，兩人聊得多了，幾個月後就確定了男女朋友關係。開始時，也許大家都覺得新鮮，並且沉浸在愛的甜蜜裡，根本就沒有多的時間考慮未來，講數小時的電話成了他們每天的必修課。一年後，小林就經常傳訊息給朋友說自己很孤單，男友總是沒時間陪她，她還是像從前一樣無依無靠。朋友打趣道，那就把他甩了，再找一個。但是小林又說，他那麼老實，又那麼愛我，我才捨不得呢。

　　現在三年已經過去了，他們還是在一起。春節的時候，他退伍了，這次他決定留下來，好好照顧這個等了他三年的女孩。

　　小林的完美結局，似乎證明了一個道理：距離在真愛的面前真的算不了什麼。人們都說距離產生美，因為拉開了彼此的距離，才使思念愈加醇厚，戀情一天比一天深厚。現實生活中，異地戀的雙方往往要有強大的心理素養，能夠克服異地戀愛的強大阻力，雖然空間上有較大的距離，但是不忘拉近彼此心理距離，把思念看作一種「兩情若是久長時，又豈在朝朝暮暮」的浪漫，而不是「一日不見如隔三秋」的艱辛相守，這樣就減輕了思念帶來的痛苦。異地戀的雙方也必須深諳溝通與交

流的技巧，依靠電話與訊息等方式來維持感情，只是一種追逐浪漫的戀愛方式，要想長久地維持一段異地戀情，還需要有兩顆心的交流與體諒。假如一方沒有時間不能及時聯繫另一方，而另一方又不懂得理解，久而久之就會心生猜疑，產生不信任感，感情就會面臨危機。只有相互體諒，彼此信任的兩顆心隨時保持理解，才能保證戀情能長長久久。

異地戀需要雙方隨時做好迎接挑戰的準備，並且隨時都要有犧牲與讓步，如果沒有一顆甘於奉獻的心，如果沒有良好的心理素養，如果你還不夠堅強，那就不要選擇異地戀。愛是現實而具體的，不能總是寄託於完美的幻象中。脆弱時，一個充滿愛意的眼神、一份溫暖寬廣的擁抱，遠比一大串蒼白的言語來得真實。而對於真心相愛的異地戀人，只需相信愛情，為最後的相守盡最大的努力，無論結局如何，至少這一過程足以教會你們怎樣去愛。

▌愛情財政

小可是家裡唯一的女孩，也是最小的一個，所以父親很疼她。在她還沒大學畢業之前，她一直以為，父親會是她永遠的帳戶，無論什麼時候缺錢了，父親的帳戶總是她唯一的依靠。第一次拿到薪資，她就去開了自己的帳戶。父親說，他的帳戶

從此以後只會在小可手頭緊張時向她敞開，她記起來了。第一次交男朋友，父親說：「在你還沒決定嫁給他之前，千萬不要花他的錢。」她也記起來了。

父親的話影響了她的一生。第一個男友因為她總是搶著付餐費，覺得她並不愛他，而選擇和她分手。和第二個男友約會時，或許她已經意識到了什麼，每次買單的權力她都交給了他，但是她會選擇去不用花錢的植物園約會，在街頭的小吃攤吃最便宜的飯菜，從來都不會拉著他去逛街。在交往不到三個月的某天，當他們吃完飯，男友拿出錢包付完錢後，他把錢包塞進了她的背包裡。後來他們結婚了，她為他管了十年的帳。離婚的那天，他才說，那次把錢包塞進她的背包裡時，自己就已經決定娶她了，因為他覺得她是一個花男人的錢花得很慎重的女人。離婚了，她除了自己該得的，沒有向他多要一分錢。

沒過幾年，事業上起色不少的她又有了男友。在一次約會時，男友大方地拿出信用卡，並瀟灑地在帳單上簽名，她沒再說什麼，看著他優雅的動作，她不禁入迷了。她出國開會，男友特意為她辦了張副卡，她回國時用自己的錢為他買了一支勞力士的手錶。

回首時，她不禁感慨，經營一份感情，有時候就像是管理帳戶，自己的和對方的。

金錢可以顛覆愛情，同樣也可以讓愛情升值。如果將愛情

回歸到現實，物質與金錢便是基礎。在男女交往的過程中，金錢觀的一致性也是一種保障。雖然在感情中女人是否應該花男人的錢的問題上，可謂眾說紛紜，但是最重要的是兩個人的愛情觀和金錢觀是否能夠達成一致。戀愛的時候，一起出去吃飯，結帳時男人大方地掏出錢包，展現的不僅是他的自尊心，而且也是他是否真的愛你的表現之一。這個時候，聰明的你就不能和他搶了，因為會傷害到他的自尊，對於某些男人來說，還會覺得你不愛他。有的時候適當地花花他的錢，也會讓他產生滿足感。結婚後，如果他願意將他的錢交給你保管，那你就大膽地替他保管吧，但是千萬不要分得太清楚，你還是可以花他的錢，卻並不代表可以任意浪費。

　　愛情有的時候真的就像是管理帳戶，金錢無時無刻不在愛情中存在著，但是聰明的女人不僅會管理好對方的帳戶，還有自己的獨立帳戶，必要的時候，也會「匯款」到對方的帳戶。

▌玫瑰與全雞

　　宜臻 26 歲生日那天，收到了兩份生日禮物，分別是當時正在追求她的兩個男生送的。一份是鮮紅的大束玫瑰，在一個碩大的精美花籃裡，好看極了；另一份是一隻包好的全雞，似乎是剛剛宰殺過的，還有沒滴乾淨的血水掛在上面。宜臻不禁有

些不悅，這個時代，怎麼還有人在生日的時候送雞的啊？何況自己也不會煮啊。

最終她接受了送玫瑰的男生的邀請。那個 26 歲生日，就在一大束的玫瑰旁度過了，溫馨而浪漫。第二天晚上下班，宜臻接到一通電話，是送全雞的男生打來的，他說已經在她的公司樓下了，等著她出來一起走。宜臻不免有點失望，她嚮往的是浪漫的玫瑰花束，而不是一隻溼淋淋的全雞。男生手裡是一個箱子，一路跟著她來到了她住的公寓樓下。兩人上樓、進屋，男生開啟箱子，裡面是一個全新的電鍋。他說，那隻雞是家養的，是他很早就託朋友從鄉下買來的，不但有營養，還能夠美容。那天晚上，他為宜臻燉了一鍋香濃的雞湯。

兩年後，宜臻搬出了公寓，帶著那個電鍋，嫁給了那個曾經送她全雞的男人。而那束裝在精美花籃裡的玫瑰早就凋謝了。

在愛情裡能夠享受到玫瑰、香檳的浪漫是福氣，但是如果沒有玫瑰、香檳，沒有浪漫呢？你能說他不愛你嗎？在感情的世界裡，浪漫的確可以為愛情升溫，一份生日禮物、一頓別緻的燭光晚餐，或者是去看場電影，對方都會感激你的細心與重視，同時在浪漫的氛圍裡，你的愛將會淋漓盡致地展現出來，往往一個浪漫的約會就將過去的干戈化為烏有，感情瞬間升溫。但是愛情畢竟不是生活的全部，當兩個人開始為生活而疲於奔命、為孩子操心、為家庭而忙裡忙外的時候，就會發現，

玫瑰、香檳的浪漫已經不再那麼重要了，一顆真正疼愛對方的心才是為愛保鮮的關鍵。

　　一份穩固的感情不是看浪漫有多少，重要的是真正恰到好處的關心能夠持續多久，與其追求虛無的浪漫，不如一份踏實的細水長流。

　　所以，當你感覺生活索然無味的時候，不要抱怨你的另一半沒有持續給你最初的浪漫，如果你想要，大可在生日的時候送一個驚喜或者一起去看場電影，愛是可以互動的，只要你們都足夠疼愛對方。

第十三章
你應該懂的婚姻哲學

　　兩個相愛的人在一起久了便會想要安定下來，於是結婚。但是很多人都發現，婚後的對方似乎都與婚前判若兩人，好像之前認識的那個人已經在不知不覺中變了模樣，於是感嘆婚姻是愛情的墳墓。但究竟是對方變了還是你變了？還是你從一開始就沒看清楚對方原本的樣子？如何讓一場婚姻不留遺憾？假如注定離開，你做好心理準備了嗎？離婚的人們怎麼把握自己的命運？

心態成熟才能步入婚姻

　　早上的霧氣還沒有完全散去時，咖啡館裡坐著兩個女人。簡單的幾句話，有一種對往事淡淡的惋惜與悔恨，似乎已經看開了，但還是放不下，否則也不會在這樣的早晨發出這種嘆息。一個女子打扮簡單、素雅，年齡看起來還不到 30 歲，另一個則 20 多歲的樣子。

　　「如果當時我們沒有那麼早就結婚，或許現在一切會是另一種模樣吧。」30 歲左右的女子說。她在 24 歲的時候嫁給他，那時她剛剛大學畢業沒多久而他在外工作已經有五、六年了，有一筆不小的存款，他說，嫁給我吧，讓我來養你。她心動了，於是嫁給了他。開始時無疑是浪漫、甜蜜的，結婚時他花了幾乎所有的積蓄，而婚後的生活又需要經濟基礎，漸漸地，他感到力不從心。而她因為沒有工作，整天待在家裡，被他的父母念了很多次。最終找到工作的她，在不到三個月的時間裡病倒了兩次，後來就在家調養身體了。倍感無聊的她想要一個兩人的小孩，但是他說，現在還沒有穩定的經濟基礎，再奮鬥幾年吧。她感到傷心，原本就受盡委屈的她更加不理解了，原來結婚讓一切都開始變質。如此苦澀的生活堅持了兩年多，一次劇烈的爭吵結束了這場婚姻。

　　對面的女孩看著她，彷彿有滿肚子的話想說，但是最終還是沒有開口。她現在正是那樣的年紀——24 歲。家裡託朋友

介紹了一個不錯的男生給她，家庭背景好，是屬於那種老實型的男人，兩人見面後感覺都很好，於是兩家商議著是不是早點把婚事辦一辦。但是她覺得有點早，還不想就這樣把自己嫁出去，又擔心時間久了，會不會和他就沒緣分了。聽了之後，她啞然失笑，那到底什麼時候才能結婚呢？

　　婚姻就是一座圍起來的城堡，很多人都這樣說。因為一旦結了婚、登記好了，你就屬於她／他了，對方的家人、親戚、朋友，你都不得不接受、面對，進去這座城堡就意味著將要面對生活這個巨大而困難的問題，大大小小的事情，事無鉅細，越來越高、越來越厚的圍牆逐漸搭建起來，將兩個人關在裡面。愛情或許就這樣漸漸泯滅了，兩個人最終不是走向平淡、將愛情轉化為習慣、轉化為親情，就是走向愛的死亡，所以很多人都害怕婚姻，不敢走進這座城堡。

　　但其實城堡並不可怕，可怕的是在還沒有任何準備的情況下就進去了，進去後什麼都不知道。結婚證書是一紙證明，是這座城堡的大門。城堡裡面究竟是什麼樣子，只有裡面的人才知道，所以婚姻也只有經歷過的人才能體會出其中的滋味。但是千萬不要因為外界的種種因素而無奈地選擇結婚，假如真的結婚了，走進了這座城堡，如果對方值得你愛，那就好好愛吧，保持一種成熟心態，這樣在愛裡才能有真心去呵護、有足夠寬容去理解。「執子之手，與子偕老」不僅是一個結果，也是一個過程，關鍵是在這個過程中，你要為這「結果」做些什麼。

鬆開一點，你將會得到更多

　　某天早上，黃太太在廚房裡準備早餐，這時黃先生在門外朝她喊了一句：「我得走了喔，今天趕時間。」黃太太心想，今天不是週末嗎？今天有什麼事嗎？」黃太太問。「噢，今天和朋友約好出去郊遊。不和你說了，來不及了。」這下把黃太太惹怒了，雖然她並不會多問，但平時不管他去哪裡都會親口告訴她的，而這次他居然什麼都不說就直接要出門。郊遊這件事他為什麼不跟我說？他究竟還有多少事情瞞著我？越想越氣，於是黃太太丟下手裡的工作，上前把將要出門的黃先生攔住了，非要他把事情說明白不可。黃先生心裡著急，又覺得太太有點無理取鬧，氣也跟著上來了，「難道我的吃喝拉撒睡都要隨時向你報告嗎？」丟下這句話就摔門離開了。

　　黃太太愣在那裡，後來她索性開始賭氣，不管是出門逛街、和朋友聚會，還是回娘家，通通獨自行動，也不告訴黃先生，更加對黃先生的事閉口不問。一連好幾天都是這樣。這天傍晚，黃太太準備出門和朋友們聚會，一邊的黃先生忍不住了，放下假裝在看的報紙說：「我現在才知道，你對我一點都不在意，是嗎？」「你不是說吃喝拉撒睡都不用向我報告嗎？」黃太太背對著他說，語氣冷淡，但是她的嘴角還是微微地向上翹了。就這樣兩人又和好如初了。後來他們約定好，以後不管是誰要外出做什麼事，至少要讓對方知道，好讓牽掛的一方放心。

　　如果過多地干涉對方，甚至連他的私人空間都不放過，那麼愛就會變成一把枷鎖，沉沉地套在對方的身上，不僅絲毫感覺不到被在乎的甜蜜，反而令人窒息。有一個在愛情裡屢遭挫折的女孩問她的母親：「我究竟要怎樣才能抓住他的心，把握好我們的愛情呢？」母親把女孩帶到海邊，捧起一把沙子，然後又將沙子緊緊握在手心裡，看著原先滿滿的沙子在握緊後紛紛散落，女兒若有所悟地笑了起來。

　　其實愛情就像是一捧沙子，握得越緊，掉落的也就越多。整天盯著、看著、抓著、防著，不但得不到想要的，還會失去更多。在婚姻的國度裡，不要過分依賴對方而失去自我，每個人都要擁有自由的私人空間、自己的交友圈、自己的事業，要給對方尊重，千萬不要試圖去主宰些什麼。要知道，沒有人願意一直被牽著鼻子走。就像黃先生和黃太太一樣適度地關注對方，而不是將對方死死地綁在自己的身邊，要在感性的情感空間裡給出理性的生活空間。夫妻之間的保留是一種相處的藝術，而並非對婚姻的不忠。

▊ 聰明的女人會裝傻

　　生活中總有一些看起來傻傻、笨笨的女孩，說起話、做起事來還有點遲鈍，眼睛裡充滿神遊天外的天真，有時候出門會

259

迷路、坐公車會坐反方向、遇見比較會說話的乞討者，一不小心就會將身上的錢全部掏出來。男人看到這樣的女子，都會忍不住想要去保護。很多在戀愛或婚姻裡對男友或丈夫言聽計從的女人，真的很傻、很笨嗎？想必不是，只是因為她知道，什麼樣的女人才是男人喜歡的。

　　小亞結婚已經兩年，婚前嬌小可愛，婚後依然小鳥依人，不管丈夫在哪裡，和朋友一起聚會她都會乖乖地待在丈夫的身邊，從來不多說一句話。以前在家裡是個被父母捧在掌上的寶貝，成績一直很優異，和朋友們在一塊時是個不起眼的小角色，但是少了她，朋友又會覺得不自在，有的時候也會糊里糊塗地吃很多小虧。從國外留學回來後，一直沒談過戀愛的她居然在兩年不到的時間裡嫁給了一個才貌雙全的男子，也就是她現在的老公。結婚後的她依然不改傻裡傻氣的個性，當別的妻子都在大驚小怪丈夫的外套上怎麼會有根長頭髮的時候，她卻打趣說老公身上的靜電蠻大的，連長頭髮都可以吸過來。因為她的善解人意，丈夫每天也都會提早下班回來陪她吃晚飯，兩人的感情很好，偶爾的小吵小鬧反而更加增進了彼此的感情。朋友們都很羨慕說，一個傻傻的女孩，現在居然比我們都幸福。

　　水至清則無魚，人至察則無徒。過於清澈的水是難以讓魚生存的，太過精明的人就很容易苛責對方，容不得一丁點的錯誤，這樣的人是很難有知心朋友的。同樣，在婚姻裡，一個太過精明的女人常常會疑神疑鬼、問東問西，在婚姻裡沒有安全

感，很容易讓另一半覺得反感。傻女人其實也很聰明，因為她知道該把聰明用在什麼地方，有些小事睜一隻眼閉一隻眼就過去了，何必非要追根究底，打破砂鍋問到底呢？

　　感情的維護需要雙方相互理解，適時地傻一點，其實是聰明的展現。你的體諒與溫柔、依賴和信任，能讓他感覺到你的愛，也能滿足他的自尊心。所以，在小事上不妨傻一點，不僅可以增進感情，更能維護幸福的婚姻。

▌曖昧的異性好友

　　在決定和淑美一起組成家庭的時候，建達就決定將自己有一個青梅竹馬的紅顏知己的事告訴她。在兩個人交往的過程中，建達毫不忌諱提到自己那位叫做妍婷的女性朋友。他說小的時候，他們是鄰居，後來又變成同班同學，一直到後來成為無話不說的知己。但是這和對淑美的感覺是不一樣的，建達每次總是這樣補充說。對於他的坦白，淑美是感激的，雖然有的時候聽到他提起妍婷的時候，心裡會酸酸的。淑美的好友勸過她，還是小心為妙，男女之間真的很難存在真正純粹的友誼。

　　婚後的日子一直很平靜，建達在偶爾提及妍婷或者是一些有關妍婷的事情時，淑美都會假裝不在意，可是時間久了，她反而會胡思亂想，無法在心理上戰勝自己，脾氣也越來越不

261

好。某次，妍婷打電話來說想一起吃個飯，自己過幾天就要出國了，很久才會回來。這次淑美鼓足勇氣要求一起去見見妍婷。建達很大方地就答應了。

　　吃飯時，淑美見了妍婷，心想：「果然是一個十分文靜的女孩。」妍婷說：「早就聽說建達娶了一個既溫柔又能幹的妻子，還以為是大家吹捧他呢，現在看起來似乎比我想像中的還要好。」淑美本來就很健談，於是兩個女人在飯桌上你一言我一語，建達反而被晾在一邊。後來，淑美開始主動聯繫妍婷，等妍婷從外地回來的時候，兩人已經無話不談了。之後兩人又經常一起逛街，妍婷把建達小時候的很多情史還有一些糗事告訴了淑美。就這樣，淑美成功地與建達的紅顏知己成了閨密。

　　淑美無疑是聰明的，看似對丈夫的紅顏知己毫無戒心，顯得愚笨，但實際上她是在一步步地進入丈夫與紅顏知己的關係中，逐漸消除他們之間的曖昧，解除了她對自己有可能造成的威脅。但不管你有多優秀，男人很多時候都是需要一個紅顏知己的，就像很多女人也會有異性好友一樣。

　　在紅顏知己面前，男人往往可以將身上承載的家庭、事業的重擔暫時卸下來，與之進行一場沒有壓力的談話，或者是將自己與妻子之間的感情問題說給她聽，畢竟女人比較了解女人，可以幫他出出主意，這比找個男性朋友一起出來喝酒好得多。同樣，女人也會把一些不能和丈夫說的話向要好的異性朋

友傾訴，當滿腔的苦悶和委屈倒出來之後，便會異常輕鬆。不管是在生活上還是感情上，從異性口中說出來的安慰性的話語會有比較好的效果。但對於這種異性好友間的曖昧關係，另一半總是不可避免地會擔心，其實大可不必如此緊張，只要你夠自信、夠聰明，完全可以巧妙地將她／他「留在」自己另一半的身邊，同時也納入你的好友圈裡，說不定她／他還會成為你的閨密呢。這樣看似愚蠢的做法，其實很可能已經在無形中提升了你在另一半心裡的形象，更加令他／她相信當初選擇你而捨棄她／他是正確的。

▌婚後你已經不再是被簇擁的公主

　　筱慧和老公結婚前，用他常講的一句話來說就是「你是我的心頭肉，怎麼捨得傷害你？」但是結婚之後，筱慧這個曾經是老公「心頭肉」的女人，似乎一夜之間就變成了每天因準備三餐而不得不鑽進廚房裡的黃臉婆。老公下班回家後會把襪子一脫，隨手扔在沙發上，會開冰箱發現裡面沒有自己喜歡的飲料時大呼小叫，甚至只顧自己玩遊戲，把筱慧扔在一邊，也不會像從前一樣和她並排坐在一起，說一些甜蜜的話討她開心。似乎她在家裡忙前忙後，他躲在一邊悠然自得都是理所當然的事情。但偶爾他也會說一些很窩心的話，「老婆，辛苦你了。」也會在

心血來潮時送她一個暖暖的擁抱。筱慧生日的時候，他剛好要加班，回來時已經晚了，但是看見他手裡提著的大蛋糕，原本很生氣的筱慧還是心軟了。

筱慧是個敏感的女子，對老公的轉變自然很在意，很長一段時間裡她都不開心，她是多麼懷念那些在咖啡廳裡一起坐著喝咖啡、聊天的日子啊！那時他會在筱慧生日時，帶她去看最新的電影，情人節買一大束玫瑰花給她，她就像個公主一樣被簇擁著。為什麼現在會變成這樣呢？是他不愛自己了嗎？我們曾經的浪漫為什麼就不能持續下去呢？

也許每個結了婚的女人都會有像筱慧的這種情況，面對婚前婚後的巨大反差，大多數人無法接受。但是據調查顯示，在臺灣有一大半的婚後家庭，家務是由妻子來操持的，只有極少一部分有良好經濟能力的家庭會將家務交由家政公司來處理，男性做家務的比例就更小了。「女主內，男主外」的傳統觀念一直影響著大部分的家庭。即使是在現代社會，女性也在外工作，而回到家後還是免不了要做一些瑣碎的家務。

婚姻其實還有一個名字叫做現實，總免不了一些柴米油鹽醬醋茶，瑣碎得叫人抓狂，但也真實。浪漫的愛情往往在現實的婚姻裡會消磨殆盡，兩人在一起時間長了，相互的吸引力也會下降，那種戀愛時候的新鮮感、親密感和激情也會慢慢減退，身體上的接觸慾望也會隨著婚姻時間長度的增加而變低，

簡單和平凡將會最終取代浪漫。不管一個男人多麼不堪，他在追求女人的時候，總是會有很多令人心動的優點。但是結婚後，不管是多麼優秀的男人，都會暴露出越來越多的缺點，如果女人總是拿著一把放大鏡不斷地去放大它們，將永遠開心不了、幸福不起來。這時，你可以與他交流，表明你希望與他共同完成家務，需要他為你分擔你的壓力和重任，讓做家務成為你們品味幸福感的一種方式。

　　因此，要學會降低對婚後生活以及對另一半的期望，從簡單的生活中找到無窮的樂趣。

▍智慧男人該如何應對婆媳過招

　　婆媳關係似乎是老掉牙的話題了，婚前阿玲就對小飛說過，如果婚後和他媽媽吵架了，不管是不是阿玲的錯，小飛都不能責怪她。小飛將話鋒一轉，直接說：「不會的，這麼善解人意的老婆，怎麼會和一個阿桑過不去呢？」說得阿玲心裡甜蜜蜜的。但是她萬萬沒想到，自己還是無法避免和婆婆過招的那一天。

　　那次小飛的母親從鄉下過來，不知怎麼回事，阿玲覺得老人家似乎看她哪都不順眼，不是說家裡的家務她做得太少了，就是說她太浪費了。花好幾千元去買一件大衣太奢侈……憋著

　　一肚子氣的阿玲再也不想忍受了，當即就反駁說：「我花我自己的錢，您操什麼心呢？我媽還沒這樣數落過我呢！」小飛的母親一臉不悅，連夜收拾東西要回老家。這讓小飛左右為難，覺得自己裡外不是人。當天晚上把母親勸下來了，阿玲卻睡在了書房。

　　幾天冷戰之後，小飛還是找阿玲談話了。首先是向阿玲道歉，然後就溫和地對她說：「你買了新大衣，我不僅不反對還很支持，只要你喜歡，我都支持。但是這次是因為我媽在，她一向節儉，不要讓她知道不就什麼事都沒了？」一番言語之後，阿玲還是無法消氣。後來他們找來朋友，兩人在激烈的爭吵中各自為自己辯解，繞了一大圈之後，還是重歸於好了。因為這一番辯解也是一次交流的過程，當雙方都開誠布公地將最真實的想法說出來之後，誤解也就隨之消失了。

　　相信婚姻中的這類問題是誰也避免不了的，要處理好這麼棘手的問題，丈夫需要首先確保的一點就是夫妻同盟，不論何時都應該和妻子站在同一陣線。婚後長輩在心理上對媳婦產生牴觸，看媳婦不順眼也情有可原，畢竟在這之前，兒子和自己最親。少不了心理上的不平衡感，媳婦應該要理解這一點。而丈夫在這個時候該明白，妻子是那個和自己共度一生的人，所以兩邊都不能輕易傷害。

　　以故事中的小飛為例，他這時一方面要和妻子保持同一陣

線。但是並不一定要表現在言語上，可以透過動作來表示，比如說話時拉著妻子的手，或者是和妻子站在同一個方向上，讓妻子在心裡有踏實感，也避免了她與婆婆之間更加激烈的言語刺激。另一方面，小飛可以在平時多和母親溝通，說話時多使用「我們」、「我和阿玲」，而不是單純地說「我如何如何」、「阿玲如何如何」，這樣在長輩的潛意識裡便會形成「夫妻一條心」的印象。剛開始時也許她會失落，但是哪一個母親不希望自己的子女過得好呢？相信她會打從心眼底接受並由衷感到欣慰的。

俗話說，嫁一個人就是嫁一個家庭。婚姻中不可避免要處理好婆媳之間的關係，聰明的丈夫不會在母親的面前數落妻子的不是，聰明的妻子也不會在娘家人面前談論丈夫以及婆婆的不好。真正為對方著想的夫妻會先將妻子或丈夫與家人的關係處理好，然後再關起門來慢慢解決彼此間的矛盾，從而大事化小、小事化無。

沒有金錢的婚姻，你還要不要

小林是個很優秀的女孩子，一直都堅持應該找一個自己喜歡的人結婚，這樣才不會在生命中留下遺憾。後來她遇見了小晨，一股從來都沒有過的心動徹底征服了她。相處一段時間後，小林發現小晨的人品、性格都很不錯。小林的性子有點

急，有時候會發點小脾氣，小晨都會包容她，這讓小林更加相信小晨就是她一直在尋找的那個人。那年小晨 30 歲，小林 27 歲。雖然小晨的家庭背景不好，但是他一直都在努力著，小林相信他一定可以取得成功。於是小林義無反顧地嫁給了小晨，可是婚後的狀況並沒有預期中的樂觀，他們在手頭緊張的日子裡熬過了兩年，期間兩人經常會為了一些小事吵架，多半都是錢的問題。

婚前小晨就說過要努力賺錢，要有他們自己的房子。但是兩年過去了，小晨的事業還是一點起色都沒有。小林在公司的時候又會和同事比較，然後心理落差就更大了。小林已經厭倦了這種生活，她一直想要的無非就是一個疼愛她的人，能夠給她寬裕的生活，不用每天擔心生計。但是這樣想著不禁又覺得可笑，自己一直堅持的原則呢？在現實面前，感性終究是抵不過理性的追擊，沒有麵包的婚姻就像一片搖搖欲墜的枯葉。

於是小林不禁想到了離婚。但是，難道真的要因為麵包的問題而放棄一段感情嗎？放棄了以後又將何去何從呢？

讀到最後人們可能漸漸發覺，或許小林的不滿很大一部分是源於與旁人的比較。實際上，在外人看來，這是一樁很不錯的婚姻，小林堅持自己的原則 —— 和自己喜歡的人牽手走進了婚姻的殿堂。丈夫英俊，可以包容妻子，脾氣也不錯，有上進心，給出了承諾並且也在不斷地努力著，雖然短期內還無法兌現，但是他也並沒有放棄。婚姻畢竟是現實的，每一個家庭都

會面臨不同的問題，金錢無不交織其中。

如果比起那些只有金錢而沒有感情基礎的婚姻，小林無疑是幸福的。因此不滿源自於比較。假如多年後，小林回首曾經和丈夫一起打拚的日子，那會是人生裡不可多得的一份寶貴財富。牢固的感情是經受得住考驗的，不要去羨慕那些淹沒在金錢裡的婚姻，而是要慶幸自己擁有一份穩固的愛情。

▌婚姻就像一隻風箏

有一對老夫妻，老先生牽著線、老太太舉著風箏，在微風輕拂的傍晚一路小跑，放著風箏。他們聊著天，偶爾大笑。周圍的人都會投去羨慕的目光，一是覺得老人家的身體如此健朗，二是因為他們看起來就像是一對甜蜜的小戀人。

有一日，一個失意的年輕人走到老人的身邊，毫不隱瞞地說明了自己的來意，他說自己因為覺得婚姻在現實生活的考驗面前有太多的衝突，結婚幾年兩人都不快樂，於是選擇了離婚。老人慈祥地看著眼前的這位年輕人，笑著不說話。過了一會兒，他找來一隻風箏，老伴也一起過來。年輕人和老人家打了招呼，感慨地說：「其實婚姻就像是一杯酒，酸甜苦辣，百味俱全，一朝醒來，曲終人散。」老人聽後搖搖頭，說：「婚姻更像是風箏。首先，用什麼做？竹片做骨幹，光只有硬不行，

還要有韌性。婚姻的骨幹是什麼？是愛，不摻雜任何雜質的純粹的愛。決心做一隻風箏就要剔除金錢、權勢、地位、美色誘惑，倘若讓這些雜質保下來，便會成為婚姻的隱患。其次，怎麼修飾？要使它怡情、養眼、給予人美的享受，婚姻才更加有魅力，這些修飾或許是一束生日時的玫瑰、一次假日裡的旅行、一份意外的驚喜、一個擁抱或親吻等。其次，怎麼放飛？風箏需要放飛，需要飛翔的空間，如果因為害怕失去它而緊緊地將其綁在自己的身邊，那麼再有魅力的婚姻遲早也會窒息。但是這個空間也要把握好，更加不能輕易就鬆開手。最後，怎麼加以保養？歲月會讓風箏失去它原有的光澤與穩固性，這便需要你適時地加以保養。」

聽了老人的話，年輕人傷感的情緒一掃而光，向老人深深鞠躬之後離開了。看著他遠去的背影是那麼灑脫，也許他已經從中悟到了什麼。

相信老人的話也給了你不少的啟示，結婚前要有一顆堅決的心，相信可以經營好一份完美的婚姻，就像做風箏前要相信自己可以做好一樣，剔除金錢、權勢、地位等種種誘惑，不要在婚姻開始前就留下隱患；結婚後不要過快地轉變戀愛時的心態，需精心加以潤飾，一點一滴去完善，付出並表達你的愛，給對方溫暖、為愛情潤色，正如製作好了的風箏需要修飾一樣，它是什麼顏色、裱成什麼風格等等，美麗、怡情、養眼的風箏才令人喜歡。結婚了不是對方從此就完全屬於你了，還是

要保留各自的空間與自由，有時候太近了反而會被彈得更遠。

　　風箏是屬於天空的，放飛它的人牽著一根線，太短，風箏飛不起來；太長，就有斷線的危險，適當的空間距離才能讓風箏美麗翱翔。當婚姻遭遇問題，甚至讓你不得不考慮放手的時候，你需要檢查一下問題根源在哪裡，而不是索性丟棄不要，適時地發現並解決問題，不要累積，好比一隻在天空翱翔久了的風箏，風雨的侵蝕會令它受到損害，你要偶爾看看它的哪個地方鬆了，然後為它加固。哪裡的顏色不鮮豔了，要幫它潤色。風格造型跟不上潮流了，要及時更新為新的風格。這便是一場婚姻與一隻風箏的哲學。

▌當婚姻之舟不得不翻船的時候

　　曉婷是頂尖大學畢業的大學生，一直在城市裡長大，生性活潑好動。父親是商人、母親是老師，過慣了錦衣玉食的生活。開始工作後，曉婷遇到了一個在鄉下長大的老實男人思明。那時他還什麼都沒有，但老實、成熟、穩重的性格深深打動了曉婷，於是她不顧父母的反對，堅持要嫁給他。但是婚後問題漸漸突顯了出來：曉婷是個很時尚的女性，追求名牌包、名牌鞋，從小就過慣了有錢的生活，婚後縮衣節食的日子讓她無法適應，丈夫和他的父母更常責備她花錢大手大腳，不會精

打細算。曉婷與思明的爭執越來越多，經常為了錢的事情爭吵，雙方都感到很痛苦。曉婷覺得自己嫁給思明很委屈；而思明覺得自己一直很努力賺錢，曉婷卻還是不滿意，壓力越來越大。終於，在一次激烈的爭吵後，雙方選擇了離婚。

　　幾年後，曉婷與一名追求了她很久且事業有成的男人結了婚，思明娶了一個生活簡樸的女孩。大家偶爾會碰面，也都是淡淡一笑，因為他們已經擁有了自己的幸福。

　　夫妻都是婚姻之舟的掌舵人，兩個掌舵人的需求不一樣、人生追求不一致，就很難有統一的行駛方向。所以，當兩個人決定一起乘上婚姻這艘小船的時候，就應該確定彼此行駛方向是否一致，否則就會有翻船的一天。透過這個故事，我們明顯可以看出曉婷和思明的價值觀是不一致的，生活消費習慣差別更大，曉婷所需要的錦衣玉食的生活和思明所追求的平凡，在生活中不斷相互碰撞，這才越來越突顯各自的需求差異之大，彼此也更加明白究竟自己和對方最需要的是什麼。與其說當初結婚是因為錯看了對方，還不如說是這場婚姻幫助他們看清了自己。離婚後，兩人也都各自找到了自己的幸福。

　　一份成熟的愛情不一定要有多麼豐富的愛的經歷，但是經歷過愛情挫折之後所收穫的愛情會更加成熟。如果恰好遇見了那個志同道合、可以攜手走完一生的人，應當感激那個曾經帶給你失敗婚姻的人，不正是他／她讓你明白了最真實的需要

嗎？所以說，一艘翻船了的婚姻之船並不代表什麼，勇於從失敗中走出來的人才有機會找到更適合自己的幸福。

讀懂婚外情的典型心態

　　第一個故事。小范和楊楊是高中同學，當時兩人是情侶，後來各自考上了不同縣市裡的大學，戀情因為長時間的異地而逐漸淡去。大學畢業後小范在外打拚了幾年後決定回家，並且將他的妻子帶回家。結婚一年多後，小范在一次同學會上與楊楊重逢了，那晚楊楊喝了很多酒，她拉住小范說自己還愛著他，這麼多年一直沒結婚就是因為忘不了他。後來，小范背著妻子經常偷偷和楊楊見面，兩人逐漸發展成地下情人關係。

　　第二個故事。小吳從一個小鎮來到了自己嚮往已久的大城市，在一家廣告公司工作，上司是一個已婚的美女。這位美女上司的丈夫是商人，長年在外。小吳的工作能力很好，人長得也算不錯，幾次在公司例會上都得到了上司的點名表揚。後來這位美女上司就與小吳發展成地下情人關係，小吳經常出入美女上司的辦公室，與此同時他也從原來的小職員晉升到部門主管。但是有一天，小吳的妻子來找小吳，並發現了小吳與上司的關係，即使小吳極力澄清並挽回，但還是沒能保住這段婚姻。

　　第三個故事。曉華和儒恩結婚已經兩年了，婚前儒恩在一次

酒醉後和曾經的大學同學發生了關係，事後他很後悔，心裡也對自己的未婚妻很愧疚，在結婚的前一天他決定把事情告訴她。曉華是個好強、保守的女人，當時結婚請帖已經發出去了，父母又很好面子，念在儒恩還算真誠，婚禮如期舉行。但是婚後，曉華的心裡一直都不舒服。後來她的公司裡有一位帥哥開始追求她，起初她還嚴詞拒絕，但轉念一想，自己其實也對他有好感，為什麼丈夫可以為所欲為，自己放肆一次又怎麼了？於是出於想要報復丈夫的心理，她與那位帥哥越走越近，最後發展成為地下情人關係。

　　第一個故事中的楊楊和小范以前就是戀人，後來分開只是因為長期分隔兩地後來重逢，雖已過多年，但是楊楊一直不忘小范，並至今還未結婚，小范覺得是自己耽誤了楊楊，這是一種虧欠心態。第二個故事中的小吳和美女上司都已婚，美女上司之所以會找上小吳，根本原因是夫妻長期分居兩地，希望在小吳身上可以獲得補償，這是一種補償心態；而小吳和妻子同樣分居，更重要的是這位美女上司不但可以給他補償，還可以在事業上幫助他，所以造成小吳婚外情的不僅是補償心態，還有貪圖錢財和美色。第三個故事中，曉華的婚外情是典型的報復心態在作祟，丈夫婚前身體上的出軌一直是她心頭上的結，或許她是想在心理上得到一種平衡。

　　此外，婚外情的典型心態還有報恩、好奇、享樂、互利、相悅等，如果想挽回出軌的愛人，首先就要找到引發婚外情

的心態，只有找到根源才能解決問題。根據心理學家分析，引發婚外情的心態其實是人們在人際交往中不知不覺或者是有意識地產生的，它既可以避免，又難以避免，這就需要周圍的朋友給予其精神層面上的正確引導，同時最重要的是要提高自身修養。

離婚後何去何從

　　婚後的第五年，他們離婚了，那時已經有一個三歲大的女兒。她堅持要女兒的監護權，他也並沒有反對，只是每個月都會匯幾萬塊到她的帳戶。當初離婚是他提出的，所以心裡一直有愧。離婚不到一年，他很快重建了家庭，和一個比他小八歲的女子；而她還是帶著女兒邊工作邊賺錢。一想到丈夫把自己逼到這般田地，她心裡就很痛苦，常常一個人躲在浴室裡哭，有時候還會遷怒於女兒，一旦她調皮搗蛋，就狠狠地打她，打完後自己又感到後悔，長期的心理折磨讓她無法正常工作，生活也受到很大的影響。朋友不斷地介紹對象給她，猶豫不決的她總是會在關鍵時刻拒絕。她向朋友坦言，其實主要原因是擔心遇到一個不可靠的人，以後受苦的恐怕是女兒。

　　就這樣，她獨自帶著女兒過了一年又一年，期間每當孩子吵著要見爸爸的時候，她就會狠狠地打她。她告訴女兒，爸爸

已經不要她們了，以後不准再想這個人！但是實際上，他想來看女兒的時候她都拒絕，說不想影響女兒的成長。幾次之後，他就沒再來過，但是生活費還是每個月準時在她的帳戶裡出現。

　　幾年後，力不從心的她嫁給了一個有錢的、同樣也帶著一個女兒的富商，日子富足、那男人對孩子也不錯，不會對她的孩子有任何偏見。她常常想，這樣應該算是圓滿了，孩子既有了一個完整的家，同時也有了父愛，她們的生活也得到了保障，但是在孩子的心裡還是深深地埋下了遺憾的種子。

　　故事涉及到幾個離婚後應該注意的問題。首先是離婚後雙方的心態問題。離婚後的心態至關重要，假如因為對對方的怨恨太深，進而遷怒於孩子，長期以後不僅不能給孩子一個好的成長環境，還會讓本身的處境越來越糟；怨恨累積太深，必然會影響到下一代。因此，離婚後的人應該保持一份良好的心態，走出怨恨的惡性循環，樂觀生活，這樣才能讓自己和孩子過得更好。

　　其次是離婚後該不該重建家庭的問題。擔心孩子受委屈是很正常的，但是不可以因此就拒絕第二次婚姻，關鍵是要去尋找一個合適的人。假如有適合的，當然應該盡快給孩子一個完整的家，沒有適合的就繼續尋找，但千萬不能勉強湊合，這樣只會傷害自己和小孩。

　　最後，就是離婚後帶著孩子的一方應不應該繼續與前任往

來的問題。故事中的她是阻止孩子與父親見面的，她以為這是
為小孩好，但是結果呢？孩子的心靈在無形中已經受到了極大
的創傷。不管父母是否不和、是否怨恨對方，但終究改變不了
他是孩子的親生父親這個事實。因此，離婚後不僅不該阻止孩
子與前任的往來，還應適當地鼓勵，以避免讓小孩造成心理陰
影，影響身心健康。故事中的她看似已經獲得了圓滿，但或許
她還沒意識到小孩的心裡還是有一塊缺口，等著自己的親生父
親來填補。

電子書購買

爽讀 APP

國家圖書館出版品預行編目資料

解鎖社交，「交際心理學」效應：情緒管理 ×
自我認知 × 肢體語言 × 社交來往⋯⋯掌握各
種心理學效應，解鎖所有人際關係！ / 魯芳 著 .
-- 第一版 . -- 臺北市：崧燁文化事業有限公司，
2024.08
面；　公分
POD 版
ISBN 978-626-394-583-8(平裝)
1.CST: 人際關係 2.CST: 成功法
177.3　　 113010780

解鎖社交，「交際心理學」效應：情緒管理 × 自我認知 × 肢體語言 × 社交來往⋯⋯掌握各種心理學效應，解鎖所有人際關係！

臉書

作　　　者：魯芳
責任編輯：高惠娟
發 行 人：黃振庭
出 版 者：崧燁文化事業有限公司
發 行 者：崧燁文化事業有限公司
E - m a i l：sonbookservice@gmail.com
粉 絲 頁：https://www.facebook.com/sonbookss/
網　　　址：https://sonbook.net/
地　　　址：台北市中正區重慶南路一段 61 號 8 樓
8F., No.61, Sec. 1, Chongqing S. Rd., Zhongzheng Dist., Taipei City 100, Taiwan
電　　　話：(02) 2370-3310　　傳　　　真：(02) 2388-1990
印　　　刷：京峯數位服務有限公司
律師顧問：廣華律師事務所 張珮琦律師

定　　　價：375 元
發行日期：2024 年 08 月第一版
◎本書以 POD 印製
Design Assets from Freepik.com